Reclam Literaturunterricht

Sachanalysen. Stundenverläufe. Arbeitsblätter

Ödön von Horváth
Jugend ohne Gott

Von Regina Esser-Palm

Reclam

Abkürzungen und Symbole

EA Einzelarbeit
PA Partnerarbeit
GA Gruppenarbeit
UG Unterrichtsgespräch
LV Lehrervortrag

* Kennzeichnung eines zusätzlichen Arbeitsauftrags bzw. Unterrichtsschritt auf erhöhtem Niveau (für Differenzierung)
HA Hausaufgabe

Verweis auf die zugehörige Ausgabe:
Ödön von Horváth: Jugend ohne Gott. Roman. Hrsg. von Heike Wirthwein.
Stuttgart: Reclam 2021 [u. ö.]. (Reclam XL. Text und Kontext. 16105.)
Stellenangaben mit Seiten- (und Zeilen)zähler beziehen sich auf diese Ausgabe.

Code für editierbare Arbeitsblätter und Vorlagen

Alle für den Unterricht benötigten *Arbeitsblätter* und *Vorlagen* (Bilder und Texte) sind digital auf der Webseite **www.reclam.de/lehrer_jugend** zum Download verfügbar. Bitte geben Sie folgenden Code ein:

9YfzFhKu

Reihenkonzept: Max Kämper

Reclam Literaturunterricht | Nr. 15812
2025 Philipp Reclam jun. Verlag GmbH,
Siemensstraße 32, 71254 Ditzingen
info@reclam.de
Druck und Bindung: Elanders Waiblingen GmbH,
Anton-Schmidt-Straße 15, 71332 Waiblingen
Printed in Germany 2025
RECLAM ist eine eingetragene Marke
der Philipp Reclam jun. GmbH & Co. KG, Stuttgart
ISBN 978-3-15-015812-8
reclam.de

Inhalt

Vorbemerkung

1937 erschien der Roman *Jugend ohne Gott* im niederländischen Exilverlag Allert de Lange unter erschwerten Bedingungen. 1933 war Horváth von den Nationalsozialisten zur unerwünschten Person erklärt worden; seine Theaterstücke durften nicht aufgeführt werden, der Autor selbst musste sich vor den Nazis verstecken. So stellte die interessierte Aufnahme – der Roman wurde rasch in sechs Sprachen übersetzt – für einen Exilroman einen nicht selbstverständlichen Erfolg dar.

Dieser Erfolg könnte zum einen in der Struktur des Kriminalromans begründet sein. So besteht die erste Romanhälfte aus der Vorgeschichte und dem Mord, im zweiten Teil erfolgt die Aufklärung des Verbrechens. Der Roman spielt im Schulmilieu, rekurriert also auf ein Setting, das den Leserinnen und Lesern bekannt ist. Im Mittelpunkt steht der namenlose Ich-Erzähler: Er ist der Lehrer der Klasse, in der ein Mitschüler während eines Zeltlagers ermordet wurde. Zugleich ist er auch der Detektiv, der das Verbrechen mit Hilfe von Unterstützern aufklären will. Seine politische und gesellschaftliche Sprengkraft erhält der Roman zum anderen dadurch, dass die Handlung im Alltag eines diktatorisch-faschistischen Regimes angesiedelt ist. Die Ohnmacht des Individuums angesichts der totalitären Machtverhältnisse wird in der Figur des Lehrers mehr als deutlich. So ist er, der eigentlich eine humanistische Grundhaltung besitzt, selbst zum Opportunisten geworden, um seine Beamtenstelle nicht zu gefährden. Er sieht sich konfrontiert mit regimetreuen indoktrinierten Schülern, die ihn bespitzeln und zu Fall bringen wollen. Er begegnet angepassten Mitläufern wie dem Schuldirektor. Aber es gibt auch die Außenseiter der Gesellschaft, die dem Faschismus ablehnend gegenüberstehen und die Wahrheit lieben. Mit ihrer Hilfe kann er den Mord aufklären und erkennt zugleich, dass er seinen Opportunismus nicht aufrechterhalten kann. Er entscheidet sich für die Emigration. So gibt das Romanende keine Hoffnung auf die Durchsetzung humanistischen Denkens, sondern ist eher von subjektiver Resignation gekennzeichnet.

Für junge Leserinnen und Leser bietet der Roman großes Potenzial: Er greift Schulerfahrungen auf, bietet Spannung und vor allen Dingen die Auseinandersetzung mit Werten und Normen angesichts einer faschistischen Gesellschaft.

Benutzungshinweise

Der Band enthält acht aufeinander aufbauende Unterrichtsstunden und einen Klausurvorschlag (Textanalyse). Die Unterrichtsreihe setzt die Vorablektüre des Textes voraus.

Jeder Entwurf einer Unterrichtsstunde besteht aus zwei Teilen:

- **Sachanalyse** mit einem praxisorientierten, auf den Unterrichtsverlauf bezogenen Interpretationsangebot
- **Unterrichtsverlauf** mit (a) kurzem Überblick über Thema und Ziel, (b) den Unterrichtsschritten in tabellarischer Übersicht und (c) ausführlichen Erläuterungen zu den einzelnen Unterrichtsschritten

Jede Unterrichtseinheit bietet alle für den Unterricht benötigte Materialien:

- kopierfähige **Arbeitsblätter** (ggf. mit Lösungshinweisen im Anhang)
- **Vorlagen** (Bilder oder Texte)
- **Tafelbilder** (Vorschläge für die mediale Präsentation)

Die Unterrichtsstunden enthalten an allen geeigneten Stellen Hinweise für

- einen möglichen **verkürzten Verlauf** (als **fakultativ** gekennzeichnete Unterrichtsschritte), um die als Doppelstunden konzipierten Einheiten bei gleichen Stundenzielen, aber weniger Vertiefungsphasen einstündig zu realisieren
- eine mögliche **Differenzierung**
- **Medientipps** für eine digitale Modifikation/Erweiterung

Textgrundlage ist die Ausgabe:

Ödön von Horváth: Jugend ohne Gott. Roman. Hrsg. von Heike Wirthwein. Stuttgart: Reclam, 2013 [u. ö]. (Reclam XL. Text und Kontext. 19039.)

Hinweis: Die Reihe *Reclam Literaturunterricht* achtet auf gendergerechte Sprache. Aus Gründen der Lesbarkeit wird in seltenen Fällen davon abgewichen, immer sind aber alle Geschlechter gemeint.

1 In der Unterrichtsreihe ankommen: Leseeindrücke – Advance Organizer – Lesetest – Romananfang bearbeiten

Sachanalyse

Der Roman ist in 44 Kapitel gegliedert, deren jeweilige Länge von einer halben Seite bis zu fünf Seiten variiert – also insgesamt durch recht kurze Einheiten geprägt ist. Jedes Kapitel trägt eine Überschrift – meist Nomen oder Nominalphrasen, seltener ein ›Kürzest-Satz‹. Viele Titel sind poetischer Natur und greifen beispielsweise ein Motiv oder eine historische Anspielung auf. Jede Überschrift ist mit einem zentralen Aspekt des jeweiligen Kapitelinhalts verknüpft. Dieses Strukturmerkmal lässt sich auch im ersten Kapitel erkennen.

Die Kapitelüberschrift »Die Neger« (7,1) – für heutige Leserinnen und Leser angesichts gewachsener Sensibilität für rassistisches Denken irritierend – bezieht sich auf den Aufsatz des Schülers N. Der Romananfang führt die Figur des namenlosen Lehrers ein. Dieser korrigiert an seinem Geburtstag einen Geographie-Aufsatz, dessen Thema von der Aufsichtsbehörde vorgegeben war: »Warum müssen wir Kolonien haben?« (8,16 f.) In den Schüleraufsätzen wird eine kritiklose Übernahme der staatlich vorgegebenen rassistischen Gesinnung deutlich. Die Ausbeutung der Kolonien wird als Notwendigkeit hingenommen, damit die eigene Wirtschaft florieren kann (vgl. 8,30–9,3). Der Lehrer kritisiert zwar gedanklich diese »hohle[n] Phrasen« (9,15), als Beamter ist ihm aber bewusst, dass er Kritik nicht öffentlich äußern darf. So traut er sich auch nicht, seinem spontanen Reflex des Durchstreichens einer Passage im Aufsatz des Schülers N nachzugeben. Dieser hatte geschrieben, dass alle Neger hinterlistig, feig und faul seien (vgl. 9,23), eine »dumm[e]« Verallgemeinerung, findet der Lehrer, aber da man solche Äußerungen im Radio als offizielle Propaganda höre, dürfe man sie als Lehrer nicht anstreichen. In dieser Situation zeigt sich das Dilemma, in dem sich der Lehrer befindet. Einerseits vertritt er eine durchaus humanistische Grundhaltung, andererseits ist er Opportunist; um seine Beamtenstelle und -pension nicht zu verlieren, passt er sich den Vorgaben des Regimes an. Aber er kann es sich nicht verkneifen, dem N bei Rückgabe des Aufsatzes (vgl. 3. Kapitel, 12,30–32) zu sagen, Neger seien auch Menschen. Diese Bemerkung ist folgenreich, Ns Vater beschwert sich sowohl beim Lehrer selbst als auch beim Schulleiter, womit der Grundstock der Feindseligkeit zwischen Lehrer und Schüler gelegt ist, die sich bei den Ereignissen im Zeltlager als konstituierend für die weitere Handlung erweist.

Das Motiv des »Negers« ist bedeutsam für die Entwicklung des Lehrers. Zunächst betrachtet er die so bezeichnete Gruppe von außen, der gegenüber er sich im Privaten als Humanist positioniert. Später erfährt er von B, dass dies der Spitzname der Klasse für den Lehrer sei. Schlussendlich wird der Lehrer laut eigener Aussage selbst zum »Neger« (letzter Satz des Romans: »Der Neger fährt zu den Negern.«, 138,30). Der Lehrer identifiziert sich selbst mit einer diskriminierten Gruppe und deutet damit den verächtlichen Ausdruck um: Sie sind die ›eigentlichen‹, nämlich humanen Menschen. Er bricht mit seiner eigenen opportunistischen Haltung und kehrt dem totalitären Regime den Rücken, indem er als Lehrer nach Afrika geht. Somit ist in diesem ersten Kapitel bereits – wie Fontane es zum Ausdruck brachte – »der Keim des Ganzen«[1] angelegt. So lässt sich also anhand des »Neger«-Motivs eine Rahmung des Romans erkennen und auch das erste Kapitel wird damit umrahmt, an dessen Ende der Ich-Erzähler erzählt: »Ich muss lächeln: die Neger, wahrscheinlich – –« (10,26).

Die zitierten Passagen zeigen bereits die besondere Erzählstruktur des Romans an. Der Lehrer ist zugleich Protagonist und Ich-Erzähler: »Durch das Erzählverfahren bedingt, das die Ereignisse nicht in Rückblenden aufarbeitet, sondern in ihrer Unmittelbarkeit – fast tagebuchartig – erzählt, wird eine Direktheit der Darstellung erreicht, die Widersprüche und Diskontinuitäten deutlicher hervortreten läßt.«[2] So erfährt der Leser durch die Selbstdarstellung des Lehrers zu Beginn des Romans sowohl einige äußere Lebensumstände, vor allen Dingen erhält er aber auch Einblicke in das Handeln und Denken des Lehrers, insbesondere auch der Brüche und Widersprüche. Damit werden einerseits Nähe und Vertrautheit zwischen Leser und Lehrerfigur erzeugt, andererseits ob seines Agierens innerhalb der gesellschaftlichen Umstände auch Distanz, die sich erst gegen Ende des Romans verringert, als der Lehrer seine Entwicklung vorantreibt und akzeptiert.

1 Theodor Fontane, *Briefe in zwei Bänden*, hrsg. von Gotthard Erler, München 1981, Bd. 2, S. 26.

2 Norbert Keufgens, »Ödön von Horváth: *Jugend ohne Gott*«, in: *Interpretationen. Erzählungen des 20. Jahrhunderts*, Bd. 1, Stuttgart 1996, S. 235 f.

Unterrichtsverlauf

LESEPROTOKOLL
➤ S. 11
Lösungshinweise
➤ S. 92

Vorbemerkung. Der Roman sollte bis zum Beginn der Unterrichtsreihe von den Schülerinnen und Schülern vollständig gelesen worden sein. Dazu sollte eine Vorlaufzeit von circa drei Wochen eingeplant werden.

Die Schülerinnen und Schüler sollten, sofern möglich, die Kapitel mit einem Kapitelzähler (1–44) versehen, der in der Ausgabe nicht vorhanden ist. Das erleichtert die Bezugnahme in der späteren Diskussion im Unterricht.

Differenzierung: Je nach Leseerfahrung und Lesemotivation des Kurses kann ein LESEPROTOKOLL eingefordert werden. Dieses kann in Printform an die Schülerinnen und Schüler ausgegeben werden oder als Textdatei z. B. über die schulischen Online-Plattformen zur Verfügung gestellt und digital ausgefüllt werden. Ein mögliches Ergebnis findet sich im Kapitel »Lösungshinweise«.

Überblick. Die Einstiegsstunde in die Reihe dient einerseits dem Aufbau von Motivation und Transparenz – so formulieren die Schülerinnen und Schüler ihre Leseeindrücke; mit Hilfe eines Advance Organizers werden Reiheninhalte aufgezeigt –, andererseits soll auch eine Kontrolle der Lesearbeit stattfinden. Dazu wird der Lesetest durchgeführt. Abschließend erfolgen die erste gemeinsame Textbegegnung und -erarbeitung anhand der Exposition. ! **Verkürzter Verlauf: 1.1 – 1.2 – 1.4**

Phase	Thema	Sozialform	Kompetenzen und Lernziele	Materialien
1.1	Artikulation von Leseeindrücken	PA / UG	• Leseeindrücke artikulieren, vergleichen und reflektieren	VORLAGE 1a ➤ S. 7
1.2	Advance Organizer	LV	• Überblick über Inhalte der Romanerarbeitung gewinnen	VORLAGE 1b ➤ S. 8
1.3 fakultativ	Lesetest zum Roman	EA	• Wissen zum Roman überprüfen	ARBEITSBLATT 1a ➤ S. 14
1.4	Erarbeitung des Romananfangs	EA / UG	• Bedeutung der Romaneröffnung erkennen	ARBEITSBLATT 1b ➤ S. 16 TAFELBILD 1 ➤ S. 10 VORLAGE 1c ➤ S. 10

1.1 Artikulation von Leseeindrücken

PA / UG

VORLAGE 1a
➤ S. 7

Unterrichtsschritt. Der Einstieg nimmt die Lerngruppe zunächst als Leserinnen und Leser in den Blick: Im geschützten Raum sollen und dürfen sie ihre Leseeindrücke ohne Schere im Kopf artikulieren. Dazu wird eine methodische Variation des Karussellgesprächs angewendet. Die Lehrkraft bittet die Schülerinnen und Schüler, sich lesend mit dem Buch in der Hand im Kursraum zu bewegen. Auf ein Stoppsignal der Lehrkraft hin beginnt ein Gespräch zwischen den beiden, die sich am nächsten stehen. Als erster Gesprächsimpuls wird folgende Frage in den Raum gestellt: Wie sind Sie mit der Lektüre des Romans zurechtgekommen? Darüber unterhält sich die Partnergruppe, bis ein erneutes Stoppsignal von der Lehrkraft gegeben wird. Daraufhin löst sich die Partnergruppe auf und jeder Kursteilnehmer schlendert wieder lesend im Raum umher. Beim nächsten Stoppsignal finden sich wieder neue Partnergruppen und ein weiterer Gesprächsimpuls wird gesetzt und so fort. Mögliche Impulse befinden sich in VORLAGE 1a *Impulse für das Lesegespräch* (sie sind natürlich reduzier- oder erweiterbar).

Nach der Besprechung des letzten Impulses kehren alle wieder auf ihren Platz zurück, um sich kurz mit dem Tischnachbarn oder der Tischnachbarin über das Gehörte auszutauschen. Anschließend werden die Eindrücke aus den Zweiergesprächen im Plenum gesammelt. So erhält die Lehrkraft ein erstes Stimmungsbild zur Lektüre, ohne dass ein einzelner Schüler oder eine einzelne Schülerin sich persönlich positionieren muss.

Erläuterungen. Die Leseeindrücke können je nach Lesebiografie sehr unterschiedlich sein. Sicherlich ist der Roman aufgrund seiner insgesamt eher einfachen Syntax, starker szenischer Anteile (hohe Dialogdichte), Präsenz des Ich-Erzählers und seiner Ansiedlung im Schulmilieu durchaus zugänglich. Aber einige Gestaltungselemente, so die zeitliche Gestaltung, die zahlreichen historischen und biblischen Anspielungen, der stellenweise ironische Duktus und das anfänglich eher geringe Identifikationspotenzial erschweren durchaus die Lektüre. Die gesellschaftskritische Dimension und die Entstehung und Förderung faschistischer Gesinnung in Verbindung mit sich allmählich entwickelndem Mut einer abweichenden Meinung sind in heutigen Zeiten – man denke an das Erstarken neofaschistischer Kräfte in Deutschland – hochaktuell und könnten eine entsprechende Resonanz hervorrufen.

VORLAGE 1a

Impulse für das Lesegespräch

1. Wie sind Sie mit der Lektüre des Romans zurechtgekommen?
2. Was hat Ihnen an dem Roman gefallen?
3. Was hat Ihnen an dem Roman nicht gefallen?
4. Welche Stellen im Roman haben einen bleibenden Eindruck hinterlassen (ob nun positiv oder negativ)?
5. Welche Fragen sind nach der Romanlektüre für Sie offengeblieben?
6. Wie ist Ihr Gesamteindruck zum Roman?

Medientipp. Gegebenenfalls können die Impulse der VORLAGE 1a mit Hilfe einer Powerpoint-Folie/Beamer oder eines digitalen Wandboards visualisiert werden.

Mögliche Leitfragen für das Unterrichtsgespräch:

- Wie wurde der Roman Ihren Eindrücken nach vom Kurs aufgenommen?
- Welche Gründe könnten für die Einschätzungen denkbar sein?
- Worauf sollten wir bei der Besprechung des Romans besonders achten? (Hier ggf. Verweis auf den folgenden Advance Organizer.)

1.2 Advance Organizer

Unterrichtsschritt. Um Transparenz über das Unterrichtsgeschehen und die Erarbeitung des Romans herzustellen, wird im nächsten Schritt ein Advance Organizer (AO, VORLAGE 1b ***Advance Organizer***) von der Lehrkraft präsentiert. Im Lehrervortrag werden Themen und Ziele der Reihe erläutert. Somit wird schon früh eine Wissensstruktur angebahnt. Idealiter erhalten die Schülerinnen und Schüler eine Kopie des AO, damit sie selbsttätig den Lern- und Arbeitsfortschritt mitverfolgen können. Auch kann zu den jeweiligen Stunden-/Themeneröffnungen immer wieder auf den AO verwiesen werden.

LV

VORLAGE 1b

➤ S. 8

Nach dem Lehrervortrag sollten die Schülerinnen und Schüler Gelegenheit erhalten, Anmerkungen, Rückfragen oder Ergänzungen zu artikulieren.

Erläuterungen. Der AO ist eine von der Lehrkraft im Vorfeld erstellte visuelle Lern- und Orientierungshilfe, die der Lerngruppe zu Beginn einer Lerneinheit präsentiert wird. Diese kognitive Landkarte gestaltet also die Lerninhalte gedanklich vor und ermöglicht so, neues Wissen mit Vorwissen zu verknüpfen. So erhalten die Schülerinnen und Schüler einen ersten Überblick über Struktur und Inhalte des neuen Themas, das mit Hilfe von Begriffen, Bildern, Grafiken oder kurzen Texten verständlich und übersichtlich dargelegt ist. Bei der Erläuterung durch die Lehrkraft soll erreicht werden, dass Neues mit Bekanntem verbunden wird und inhaltliche Vernetzungen erzeugt werden. Für die Präsentation des AO sollte sich die Lehrkraft genügend Zeit nehmen und der Lerngruppe anschließend Gelegenheit geben, (Vor-)Wissen einzubringen oder ergänzende Fragen zu stellen.

Der AO zur Lektüre verortet den Roman mittig. Beginnend oben mittig wird der Leser oder die Leserin dargestellt und mit einem Pfeil zum Buch verbunden: Das Werk muss also ganz gelesen sein, bevor die Unter-

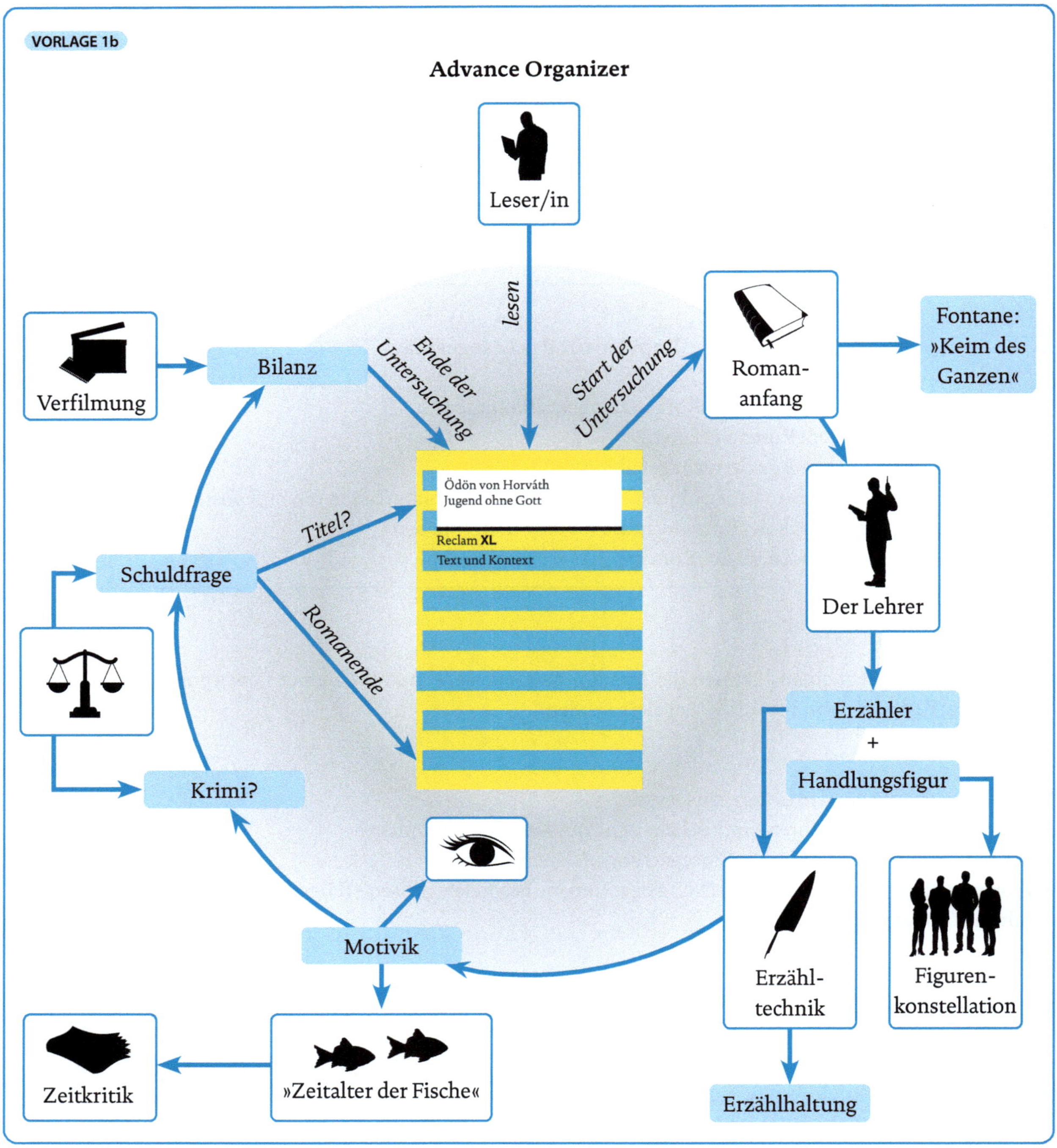

suchung, nach rechts vom Werk ausgehend, begonnen wird. Ab dann ist der AO im Uhrzeigersinn zu präsentieren. Die Untersuchung beginnt mit der Thematisierung des Romananfangs, folgt also der Chronologie des Textes. Da der Lehrer Hauptthema des ersten Kapitels ist, folgt die Romanbetrachtung also weiterhin der Lehrerfigur in ihrer Doppelfunktion als Erzähler und Handlungsfigur. Dabei wird die Erzähltechnik des Romans erarbeitet. Von dort aus entfaltet sich auch die Erarbeitung der Figurenkonstellation der Schüler und Erwachsenen. Die Erzähltechnik wird mit Hilfe der Untersuchung der Motivik erneut in den Blick genommen. Die Motive, besonders das des »Zeitalter[s] der Fische« (25,17) führt zur dem Werk inhärenten Zeitkritik. Ein neuer, sich aber organisch anschließender Schwerpunkt ist mit dem Bild der Waage visualisiert – es handelt sich um die Klärung der Frage, ob das Werk der Gattung des Kriminalromans zugeordnet werden kann. Daran schließt sich die Betrachtung der Schuldfrage an, die den Blick nicht nur auf die bereits geklärte juristische, sondern auch moralische Schuld der Beteiligten wirft. Als Abschluss der Untersuchung, mit dem Ziel der Bilanzierung, wird ein Blick auf die (neuste) Verfilmung anhand des Trailers geworfen und thematisiert, wie die Schülerinnen und Schüler nun auf das Werk schauen.

Zur ausführlichen didaktischen Begründung zum Einsatz eines AO siehe: Diethelm Wahl, »Der Advance Organizer: Einstieg in eine Lernumgebung«, in: *Lehren und Lernen im Unterricht*, hrsg. von Sandra T. Brandt, Baltmannsweiler/Zürich 2011, S. 185–202. Online unter: www.prof-diethelm-wahl.de/Textbeispiel%20Advance%20 Organizer.pdf (Stand: 11.3.2020).

Medientipp. Ein AO sollte im Idealfall nicht in Gänze präsentiert, sondern sukzessive aufgedeckt werden. Dazu kann man in klassischer Manier die einzelnen Teile in der Reihenfolge der Präsentation an Tafel/digitales Wandboard schreiben. Ebenfalls denkbar ist, die Vorlage in einzelnen Teilen abzufotografieren oder abzufilmen und in einer Powerpoint/Prezi-Präsentation einzubinden.

1.3 Lesetest zum Roman (fakultativ)

Unterrichtsschritt. Das ARBEITSBLATT 1a ***Testen Sie Ihr Lektüre-Wissen*** kann fakultativ je nach zur Verfügung stehender Zeit und Lernausgangslage von der Lehrkraft eingesetzt werden. Der Lesetest enthält insbesondere Detail- und einige wenige – bei gründlicher Lektüre leistbare – Verständnisfragen. Die Fragen sind so angelegt, dass sie in der Regel nur dann beantwortbar sind, wenn die Lektüre tatsächlich gelesen wurde und nicht nur eine Inhaltszusammenfassung, wie sie beispielsweise auf Wikipedia zu finden ist.

EA

ARBEITSBLATT 1a ➤ S. 14
Lösungshinweise ➤ S. 96

Erläuterungen. Der fakultative Einsatz ist unterschiedlich gestaltbar.

- Der Test kann als Leistungsnachweis in Einzelarbeit ausgefüllt werden und wird anschließend von der Lehrkraft korrigiert und ausgewertet.
- Der Test kann von der Lehrkraft ausschließlich zu Diagnosezwecken genutzt werden, um einen Eindruck von der Lektürearbeit des Kurses zu gewinnen.
- Der Test kann für die Schülerinnen und Schüler zur Selbstkontrolle genutzt werden. Sie füllen in Einzelarbeit den Test aus und korrigieren anschließend den Test des Tischnachbarn oder der Tischnachbarin und informieren sich gegenseitig über ihr Ergebnis.
- Der Test kann als Quiz eingesetzt werden. Dazu werden die Schülerinnen und Schüler in Gruppen eingeteilt, die gegeneinander antreten. Rundum werden die Fragen gestellt und beantwortet.
- Der Test kann frei im Plenum eingesetzt werden. Nacheinander werden die Fragen von der Lehrkraft gestellt.

Die 22 Fragen erstrecken sich in chronologischer Reihenfolge über den gesamten Roman. So wird beispielsweise nach den Fächern des Lehrers gefragt (1. Kapitel), nach dem »verschollene[n] Flieger« (Kapitel 11, S. 37) oder nach dem Abschiedsgeschenk von Julius Caesar (letztes Kapitel).

Medientipp. Mittels Apps wie beispielsweise Kahoot oder Forms von Microsoft Office kann der Test digital als Quiz oder zur Leistungsüberprüfung eingesetzt werden.

1.4 Erarbeitung des Romananfangs

Unterrichtsschritt. Mit einer kurzen Phase textnahen Lesens beginnt die Betrachtung der Romaneröffnung. Es werden nur Kapitelüberschrift, Datumsangabe und der folgende, noch nicht einmal dreizeilige Abschnitt thematisiert (ARBEITSBLATT 1b ***Der Romananfang***, TAFELBILD 1). Anschließend wird der Blick auf die Figur des Lehrers fokussiert, der die Hauptfigur des Romans und alleinige Figur des 1. Kapitels ist. Die weiteren Leitfragen befinden sich auf der 2. Seite des ARBEITSBLATTS 1b. Um die Besprechung des 1. Kapitels abzuschließen und auf eine abstrahierende Ebene zu bringen, werden die Schülerinnen und Schüler mit dem berühmten Fontane-Zitat über Romananfänge konfrontiert. Sollte die 2. Seite des ARBEITSBLATTS 1b nicht für alle kopiert werden (da man auf die fakultativen Aufgaben verzichten möchte), so kann das Zitat über Beamer oder (digitale) Tafel visualisiert werden (VORLAGE 1c ***Fontane über den Romananfang***). Ein Bezug zur aktuellen Lebenswirklichkeit kann über die Frage hergestellt werden, ob ein Kollege wie der im Roman beschriebene Lehrer in die heutige Schulwelt passen würde. Die fakultativen Aufgaben regen die Vorstellungsbildung der Lernenden weiter an, da sie – ähnlich wie bei einem Casting – über die (gelungene) Besetzung der Lehrerrolle (Ulrich Mühe in der Verfilmung aus dem Jahr 1991) nachdenken.

EA / UG

ARBEITSBLATT 1b ➤ S. 16
Lösungshinweise ➤ S. 97
TAFELBILD 1 ➤ S. 10
VORLAGE 1c ➤ S. 10

VORLAGE 1c

Fontane über den Romananfang

»Das erste Kapitel ist immer die Hauptsache und in dem ersten Kapitel die erste Seite, beinah die erste Zeile. [...] Bei richtigem Aufbau muß in der ersten Seite der Keim des Ganzen stecken.«

Theodor Fontane, Brief an Gustav Karpeles vom 18. August 1880

TAFELBILD 1

Analyse des Romananfangs: »Die Neger«

- Lebenssituation: Einzelgänger mit wenig Sozialkontakten und ablenkenden Hobbies; Sicherheit der beruflichen Situation bei gleichzeitigem Angewidertsein ob der politischen Verhältnisse
- Unmittelbares Erzählverfahren mit Direktheit und Einfachheit der Darstellung führt zu großer Nähe Leser – Figur; Irritation und Konflikt im Kapiteltitel angelegt
- Angelegte Konflikte: Kritik an Indoktrination der Gesellschaft und besonders der Jugend vs. Genuss der sicheren Beamtenstelle ➤ opportunistisches Verhalten
- Überschrift: Im Begriff »Neger« spiegelt sich die Entwicklung des Lehrers

➤ Romananfang als »Keim des Ganzen«

Erläuterungen. Dieser ersten untersuchenden Textbegegnung sollte genügend Raum zugestanden werden, weil dieser analytische Zugang – angereichert um einen fakultativen außertextlichen visuellen Impuls – exemplarisch das genaue Hinsehen auf den Text illustriert. Insofern sollten die Ergebnisse visualisiert und gesichert werden. Das ARBEITSBLATT 1b steuert den Verlauf der Erarbeitung. Ggf. muss für die zweite Arbeitsphase (Ausdehnung auf das gesamte 1. Kapitel) je nach zur Verfügung stehender Zeit eine erneute Lesephase einberaumt werden. Für die abschließenden Leitfragen kann ggf. vor der Besprechung eine individuelle Denkzeit oder Murmelphase zur Verfügung gestellt werden.

Wichtig ist, dass den Schülerinnen und Schülern neben den Ergebnissen bezüglich der Lehrerfigur (siehe TAFELBILD 1) die Funktion des ersten Kapitels im Fontane'schen Sinn deutlich wird. Zentrale Elemente des Romans sind dort angelegt: der Lehrer, der unter der Hohlheit des politischen Systems leidet, sich aber in duckmäuserischer Manier nicht traut aufzubegehren, weil er auf seine Sicherheit bedacht ist und weil er sich als Einzelgänger machtlos fühlt. Dieses Verhalten führt zu der Entwicklung der Vorfälle im Zeltlager. Erst als der Lehrer den Mut findet und die Wahrheit sagt – also sein Sicherheitsdenken und seinen Opportunismus aufgibt –, kommt er mit sich selbst ins Reine und entdeckt, dass er nicht allein ist.

Medientipp. Sollte das 1. Kapitel zur Auffrischung nochmals gelesen werden, so bietet sich neben dem Lehrervortrag auch die Möglichkeit, ein Hörbuch einzusetzen. Das Reclam Hörbuch bietet auf Youtube einen Ausschnitt, der auch das erste Kapitel beinhaltet (bis Minute 7:56): www.youtube.com/watch?v=lbfPICRkLE8 (Stand: 25.5.2020).

LESEPROTOKOLL (Seite 1 von 3)

Ödön von Horváth: *Jugend ohne Gott*

Kapitel (Seite)	Stichwort zum Inhalt	Zeit und Ort	Gestaltung, auch Tempus
1. *Die Neger (7)*			
2. *Es regnet (10)*			
3. *Die reichen Plebejer (12)*			
4. *Das Brot (17)*			
5. *Die Pest (19)*			
6. *Das Zeitalter der Fische (21)*			
7. *Der Tormann (26)*			
8. *Der totale Krieg (29)*			
9. *Die marschierende Venus (33)*			
10. *Unkraut (36)*			
11. *Der verschollene Flieger (37)*			
12. *Geh heim! (39)*			
13. *Auf der Suche nach den Idealen der Menschheit (42)*			
14. *Der römische Hauptmann (47)*			

LESEPROTOKOLL (Seite 2 von 3)

Kapitel (Seite)	Stichwort zum Inhalt	Zeit und Ort	Gestaltung, auch Tempus
15. *Der Dreck (51)*			
16. *Z und N (52)*			
17. *Adam und Eva (56)*			
18. *Verurteilt (62)*			
19. *Der Mann im Mond (65)*			
20. *Der vorletzte Tag (69)*			
21. *Der letzte Tag (72)*			
22. *Die Mitarbeiter (75)*			
23. *Mordprozess Z oder N (80)*			
24. *Schleier (81)*			
25. *In der Wohnung (86)*			
26. *Der Kompass (88)*			
27. *Das Kästchen (91)*			
28. *Vertrieben aus dem Paradies (94)*			
29. *Der Fisch (97)*			
30. *Er beißt nicht an (99)*			

LESEPROTOKOLL (Seite 3 von 3)

Kapitel (Seite)	Stichwort zum Inhalt	Zeit und Ort	Gestaltung, auch Tempus
***31.** Fahnen (103)*			
***32.** Einer von fünf (105)*			
***33.** Der Klub greift ein (109)*			
***34.** Zwei Briefe (111)*			
***35.** Herbst (114)*			
***36.** Besuch (115)*			
***37.** Die Endstation (117)*			
***38.** Der Köder (121)*			
***39.** Im Netz (124)*			
***40.** Der N (126)*			
***41.** Das Gespenst (129)*			
***42.** Das Reh (132)*			
***43.** Die anderen Augen (135)*			
***44.** Über den Wassern (138)*			

Testen Sie Ihr Lektüre-Wissen

Beantworten Sie in Stichworten die folgenden 20 Fragen:

1. Welche Fächer unterrichtet der Lehrer?

....

2. Welche neologistische Schreibweise verwendet der Lehrer für das Wort »Sintflut«?

....

3. Was meint der ehemalige Lehrerkollege Julius Caesar mit dem Ausdruck »Zeitalter der Fische«?

....

4. Welchen letzten Wunsch hat der sterbende W?

....

5. Mit welcher antiken Volksgruppe bezeichnet die Lehrerin ihre Schülerinnen und warum?

....

6. Wie wird der »verschollene Flieger« dargestellt?

....

7. Warum bemalen die Kinder in den grauen Häusern der Seitenstraße bunte Puppen?

....

8. Wozu fordert Ns Vater seinen Sohn in dem Brief auf, den Ns Mutter ihm ins Zeltlager schickt?

....

9. Welcher Schüler beobachtet den Lehrer bei seiner nächtlichen Wache, als dieser das Liebespärchen beobachtet?

....

10. Wie wurde N erschlagen und welche Gegenstände fand man bei der Leiche?

....

11. Warum gesteht Z den Mord, den er nicht begangen hat?

....

12. Warum ändert Eva vor Gericht ihre Meinung und sagt die Wahrheit?

....

13. Welche Aussage Evas bringt den Lehrer dazu, seinen ursprünglichen Verdacht gegen T wieder aufzunehmen?

....

14. Aus welchem Grund hat B einen Klub mit drei anderen Jungen gegründet?

....

15. Welche neue Aufgabe will der Klub übernehmen?

....

16. Welches Angebot unterbreitet der Pfarrer dem Lehrer?

....

17. Welcher berühmten Persönlichkeit begegnet der Lehrer bei seinem ersten Aufenthalt im Haus des T?

....

18. Warum hat die ›Falle‹, die Julius Caesar T gestellt hat, nicht funktioniert?

....

19. Was hat T in seinem Abschiedsbrief geschrieben?

....

20. Welches Geschenk hat Julius Caesar dem Lehrer zum Abschied überreicht?

....

Auswertung:

Richtig beantwortete Fragen: ....

20 – 18	17 – 15	14 – 12	11 – 9	8 – 5	4 – 0
Sehr gut: Sie sind ein*e Lektüre-Experte*in!	**Gut:** Sie sind ein Leseprofi!	**Befriedigend:** Sie haben schon solides Wissen!	**Ausreichend:** Sie sollten einige Kapitel nachlesen!	**Mangelhaft:** Sie sollten die Lektüre erneut lesen!	**Ungenügend:** Haben Sie die Lektüre überhaupt gelesen? Dringend nacharbeiten!

Der Romananfang

Arbeitsaufträge:

1. Lesen Sie die ersten Zeilen des Romans. Untersuchen und erläutern Sie diese Art der Einführung in Geschehen und Situation. Notieren Sie Stichpunkte neben den Text.

»Die Neger

25. März

Auf meinem Tisch stehen Blumen.

Lieblich.

Ein Geschenk meiner braven Hausfrau, denn heute ist mein Geburtstag.« (7,1–5)

Hinweis: Das Wort »Neger« ist stark diskriminierend und soll im Sprachgebrauch vermieden werden (vgl. Duden online). Als Alternative soll »Schwarzer« oder »Person of Color« verwendet werden. Das Wort wurde vom Lateinischen *niger* für ›schwarz‹ abgeleitet und rekurriert auf die Hautfarbe. Zur Entstehungszeit des Romans bezeichnete das Wort vermeintlich ›afrikanische Rassen‹, von den Nationalsozialisten wurden diese dann als ›fremdrassig‹ und damit minderwertig eingestuft.

2. Lesen Sie ggf. erneut das erste Kapitel. Stellen Sie die Informationen zusammen, die Sie über den Lehrer erhalten. Beziehen Sie auch seine Gedankengänge mit ein. Nutzen Sie die Notierhilfe.

Privatleben	Berufliche Situation

➤ Lebenssituation:

➤ Angelegte Konflikte:

3. Erörtern Sie, ob das Fontane-Zitat auf das erste Kapitel des Romans zutrifft.

»Das erste Kapitel ist immer die Hauptsache und in dem ersten Kapitel die erste Seite, beinah die erste Zeile. […] Bei richtigem Aufbau muß in der ersten Seite der Keim des Ganzen stecken.«

Theodor Fontane, Brief an Gustav Karpeles am 18. August 1880

4. Könnten Sie sich diesen Lehrer im heutigen Schulbetrieb vorstellen? Begründen Sie Ihre Einschätzung.

*5. Betrachten Sie das Bild in der Ausgabe Reclam XL, S. 175 – es zeigt den Schauspieler Ulrich Mühe in der Rolle des Lehrers. Notieren Sie Ihre Eindrücke dieser Lehrerfigur.

*6. Vergleichen Sie dann Ihre Eindrücke mit den Ergebnissen aus der Notierhilfe und überlegen Sie, ob Sie die Lehrerfigur für gut besetzt halten.

Hinweis. »Auf der Flucht vor den Nationalsozialisten kam Ödön von Horváth am 28. Mai 1938 nach Paris und war hier exakt an jenem schicksalshaften 1. Juni 1938, wenige Stunden vor seinem tragischen Unfalltod auf den Champs-Élysées, mit Robert Siodmak (1900–1973) verabredet, um über eine Verfilmung von *Jugend ohne Gott* zu sprechen.«

Klaus Kastberger / Evelyne Polt-Heinzl: Erläuterungen und Dokumente. Ödön von Horváth: Jugend ohne Gott. Stuttgart: Reclam, 2010. S. 54 f.

2 Der Lehrer als Figur und Erzähler – die Erzähltechnik des Romans erarbeiten

Sachanalyse

Der Protagonist dieses Romans ist erzähltechnisch betrachtet zugleich seine Erzählinstanz. Als personaler Ich-Erzähler ist er nicht nur Bestandteil des Geschehens, das er erzählt, sondern auch dessen Zentrum. Das Erzählen geschieht teils im Rückblick, teils aber auch in der Erzähler-Gegenwart. Der Ich-Erzähler berichtet nicht nur das Geschehen, sondern er gibt an vielen Stellen Einblick in seine Gedanken und Gefühle, meist in Form von inneren Monologen. Zugleich ist damit die Erzählsituation an die Perspektive des Lehrers gebunden, der nur in sehr begrenztem Umfang wissen kann, was die anderen Figuren denken und fühlen. Allerdings verwendet der Autor verschiedene erzählerische Kniffe, um das Geschehen auch aus anderen Blickwinkeln darzustellen und die Einseitigkeit der Darstellung abzumildern. So findet sich an einigen Romanstellen eine fast szenisch gestaltete Darstellung. Diese ist vor allem den aus der Masse herausragenden Figuren des Julius Caesar und des Pfarrers vorbehalten. In diesen Gesprächen stellen die Dialogpartner dem Lehrer eine andere Sicht auf die Dinge dar. Auch der Mordprozess wird in weiten Teilen in direkter und indirekter Rede wiedergegeben. Der Lehrer nimmt hier die Funktion eines Prozessbeobachters ein, der mit nur wenigen kommentierenden Einschüben den Verlauf des Prozesses wiedergibt – einschließlich seiner eigenen Vernehmung als Zeuge, bei der er allerdings nicht nur seine Aussage wiedergibt, sondern auch seine Gedanken offenbart. Einen Einblick in die Gedanken- und Gefühlslage von Z erhält der Leser, wenn er sozusagen gemeinsam mit dem Lehrer das Tagebuch des Z liest. Dieses Fremdmaterial des Tagebuchs erzählt aus anderer Sicht die Vorfälle im Lager und außerhalb, beleuchtet die Beziehung zu Eva und auch die Mutter-Sohn-Beziehung – alles Elemente, die der Lehrer ohne die Lektüre dieses höchst privaten Dokuments sonst nie erfahren hätte.

Das gilt häufig auch für die Briefe, die der Lehrer erhält, sei es der Geburtstagsgruß der Eltern, die ›Petition‹ der Klasse, Briefe der Eltern an N (die der Lehrer ebenfalls heimlich liest) oder die Briefe des Klubs. An diesen Stellen sprechen andere Stimmen und erweitern die Perspektive auf das Geschehen.

Dazu gehören auch die Interviews zum Mordprozess, die in den Zeitungen abgedruckt sind und wortwörtlich wiedergegeben werden. Besonders interessant ist an dieser Stelle, dass der Lehrer sich selbst zitiert, denn auch sein Interview ist dabei. Vordergründig wirken die Zeitungsberichte sachlich. Das erzählerische Potenzial liegt aber darin, dass durch die Interviews wiederum unterschiedliche Blickweisen deutlich werden.

Diese Auflistung zeigt die Vielfalt der erzählerischen Gestaltung von Geschehen und Figuren mitsamt ihren – beabsichtigten – Paradoxien: Eine Geschehensfolge kann sich nicht in der Vergangenheit und dann wieder unmittelbar ereignen und vice versa. Ein Tagebucheintrag kann nicht gleichzeitig gelesen und aufgeschrieben werden (oder wortwörtlich aus dem Gedächtnis zitiert werden). Die Wirkung besteht darin, dass das dargestellte Geschehen einen hohen authentischen und realistischen Charakter erhält, sowohl die den Großteil ausmachenden Tagebucheinträge als auch die ›Fremddokumente‹ – bei beiden scheut der Lehrer sich nicht, aufzuschreiben oder wiederzugeben, was ihn selbst nicht unbedingt in einem guten Licht erscheinen lässt.

Unterrichtsverlauf

Überblick. Die zweite Unterrichtsstunde knüpft organisch an die vorherige an, da die Arbeit an der Figur des Lehrers vertieft wird. Es werden seine Funktionen als erzählendes und erlebendes Ich des Geschehens thematisiert, um einerseits die ausgefeilte Erzähltechnik des Romans und andererseits die figurale Gestaltung und Konstellation zu erkennen und zu würdigen. Ausgehend von einer bewusst kontrastiv angelegten Ausgangsfrage erkunden die Schülerinnen und Schüler die verschiedenen Erzählweisen des Romans und wenden das Erlernte bei der Analyse eines Kapitels an.

Phase	Thema	Sozialform	Kompetenzen und Lernziele	Materialien
2.1	Der Lehrer als Erzähler- und Romanfigur	EA / UG	• Erzähltechnische Wahrnehmung des Protagonisten artikulieren, vergleichen und reflektieren	VORLAGE 2a ➤ S. 19 TAFELBILD 2a ➤ S. 20
2.2	Die Erzähltechnik des Romans	GA / UG	• Unterschiedliche Erzählweisen erkennen und ihre Funktion erklären	*ARBEITSBLATT 2a ➤ S. 24 ARBEITSBLATT 2b ➤ S. 26 TAFELBILD 2b ➤ S. 21
2.3	Übung: Interpretation eines Kapitels mit dem Schwerpunkt Erzähltechnik	LV / EA / UG	• Fokussierte Analyse üben	VORLAGE 2b ➤ S. 22 TAFELBILD 2c ➤ S. 23 VORLAGE 2c ➤ S. 23
HA	Analyse des 4. Kapitels »Das Brot« (S. 17 f.) unter der Fokussierung der Erzähltechnik	EA	• Sicherheit in der schriftlichen Analyse gewinnen	ARBEITSBLATT 2c ➤ S. 28

2.1 Der Lehrer als Erzähler- und Romanfigur

Unterrichtsschritt. Zu Beginn der Stunde werden die Schülerinnen und Schüler aufgefordert, mittels einer Positionslinie zu der Frage Stellung zu nehmen, ob sie den Lehrer beim Lesen eher als Erzähler oder als Romanfigur wahrgenommen haben. Um die Problemstellung fachlich nachvollziehen zu können, werden die epischen Fachbegriffe »Erzähler« und »Figur« in einer Kurzdefinition wiederholt. Abschließend wird als Gelenk zum nächsten Schritt als Impuls gefragt, wie sich das Gesamtergebnis erklären lässt. Einzelne Stichpunkte werden auf der (digitalen) Tafel gesichert.

EA / UG

VORLAGE 2a ➤ S. 19
TAFELBILD 2a ➤ S. 20

VORLAGE 2a

Fachbegriffe

Erzähler

»erzählende Gestalt, die als Bestandteil eines epischen Werkes die Funktion hat, als Vermittler zwischen Autor und Leser das Geschehen aus einer ganz bestimmten Perspektive darzulegen […]«

Der Brockhaus Literatur. Schriftsteller, Werke, Epochen, Sachbegriffe. Hrsg. von der Lexikonredaktion des Verlags F. A. Brockhaus. Leipzig/Mannheim [3]2007. S. 219.

Figur

»durch einen fiktionalen Text dargestellte Gestalt, der die Fähigkeit zu mentalen Prozessen zugeschrieben wird. F.en stehen meist im engen mimetischen Bezug zum Menschen […]«

Metzler Lexikon Literatur. Begriffe und Definitionen. Hrsg. von Dieter Burdorf, Christoph Fasbender und Burkhard Moenninghoff. Stuttgart/Weimar [3]2007. S. 238.

Erläuterungen. Die erzähltechnische Art der Darbietung hat steuernden Charakter bezüglich der Leserwahrnehmung des Erzählten. Bei der privaten Lektüre achtet die Leserin oder der Leser meist nicht auf die Erzählhaltung, sondern wird je nach Erzähltechnik in ein Geschehen hineingezogen oder eher in Distanz gehalten. Beim Umgang mit epischen Texten ist ein unverzichtbarer Analyseschritt, wahrzunehmen und zu ergründen, wie ein Geschehen vom Erzähler dargestellt wird. Bei *Jugend ohne Gott* liegt eine interessante Konstellation vor. Der Ich-Erzähler präsentiert das Geschehen aus personaler Perspektive – soweit noch ein gängiges Erzählverfahren. Was aber die Besonderheit des Erzählens in dem Roman ausmacht, ist die Vermischung beziehungsweise das Abwechseln zwischen erzählendem und erlebendem Ich. Gerade die Passagen, in denen das erlebende Ich dominiert, entfalten eine Wirkung von Unmittelbarkeit und Spannung, während die des erzählenden Ichs häufig reflexiver Natur sind. Den Hinweisen der Rezeptionsästhetik folgend wird also im ersten Erarbeitungsschritt die Wahrnehmung der Schülerinnen und Schüler ernstgenommen, um von da aus die Erzähltechnik vertieft in den Blick zu nehmen. Die Methode der Positionslinie aktiviert jede Schülerin und jeden Schüler, weil alle sich zu der Frage verhalten und ihre Position auf der Linie begründen müssen. In der Regel wählt die Lehrkraft zwei weit auseinander liegende Punkte im Kursraum (z. B. Tafel/Smartboard vorn und Ende des Raums hinten) und erläutert, wofür sie stehen (z. B. vorn = eher als Erzähler; hinten = eher als Figur), und zeigt wo die imaginäre (oder mit Tesakrepp abgeklebte) Linie verläuft. Nach Einnahme der Position fragt die Lehrkraft zunächst bei denen nach, die am nächsten zu den Endpunkten stehen (»Warum haben Sie diese Position gewählt?«), danach einzelne Schülerinnen und Schüler entlang der Linie.

Leitimpulse:
- Klären Sie mit Hilfe Ihres Vorwissens oder der Kurzdefinitionen die erzähltechnischen Fachbegriffe »Erzähler« und »Figur«.
- Führen Sie sich Ihren Leseprozess des Werks noch einmal vor Augen und erinnern Sie sich, ob Sie den Lehrer beim Lesen eher als Erzähler oder als Romanfigur wahrgenommen haben.
- Stehen Sie nun auf und positionieren Sie sich bezüglich dieser Frage.
- Stellen Sie sich darauf ein, begründen zu können, warum Sie diese Position gewählt haben.

Gelenkimpulse:
- Wie erklären Sie diese Verteilung auf der Positionslinie?
- Woran könnte es liegen, dass der Lehrer so unterschiedlich wahrgenommen wird?

Medientipp. Mit Hilfe der App Nearpod (nearpod.com) kann auch digital eine Positionslinie hergestellt werden. Je nach Voreinstellung kann die Lehrkraft sehen, welche Schüler wo stehen, und sie dazu befragen. Bei anonymer Verwendung muss die Lehrkraft darauf vertrauen, dass die Schülerinnen und Schüler ihre Position preisgeben.

TAFELBILD 2a

Lehrer als

Erzähler	Figur
• erzählt das Geschehen aus seiner Perspektive • wählt unterschiedliche Arten der Darstellung	• steht im Mittelpunkt des Geschehens • entwickelt sich vom Opportunisten zum selbstbestimmten Charakter

2.2 Die Erzähltechnik des Romans

Unterrichtsschritt mit Erläuterungen. Mittels der Positionslinie ist die Problemstellung in Unterrichtsschritt 2.1 herausgearbeitet worden: Die unterschiedliche Wahrnehmung des Erzählers durch den Leser hängt mit der Art des Erzählens zusammen. Diese wird nun genauer betrachtet. Dafür benennen die Schülerinnen und Schüler Textstellen, die sich in ihrer Art des Erzählens unterscheiden, und untersuchen diese dahingehend, wie jeweils erzählt wird (*ARBEITSBLATT 2a ***Notierhilfe***). Diese Aufgabe verlangt ein souveränes Bewegen im Gesamttext. Deshalb wird eine Gruppenarbeitsphase vorgeschaltet, in der das Sammeln und Auswerten gemeinsam geleistet werden kann. Bei der Gruppenzusammensetzung sollte die Lehrkraft darauf achten, dass sie ein breites Leistungsspektrum abdeckt. Zudem werden verschiedene Differenzierungsmaßnahmen angeboten. So wird die Anzahl der zu untersuchenden Textstellen auf vier bis sechs eingegrenzt. Für weniger leistungsstarke Lerngruppen können außerdem von der Lehrkraft weitere Textstellen als Unterstützungsmaßnahme angeboten werden. Als tiefgreifende Differenzierungsmaßnahme kann auch das ARBEITSBLATT 2b ***Notierhilfe*** statt *ARBEITSBLATT 2a eingegeben werden, auf dem bereits erzähltechnisch unterschiedene Textstellen zusammengestellt sind. Die Lösung zu dem ARBEITSBLATT 2a/b (Anhang) kann als grundsätzliche Ergebniserwartung genutzt werden.

GA / UG

*ARBEITSBLATT 2a
➤ S. 24
ARBEITSBLATT 2b
➤ S. 26
Lösungshinweise
➤ S. 101
TAFELBILD 2b
➤ S. 21

Bei der Präsentation der Ergebnisse sollte jeweils eine Textstelle pro Gruppe vorgestellt werden, danach wechselt man zur nächsten Gruppe – so lange, bis sechs bis acht verschiedene Textstellen besprochen wurden. Das Resümee sollte im Plenum gemeinsam gezogen und an der (digitalen) Tafel festgehalten werden.

TAFELBILD 2b

Abwechslungsreichtum der Erzählweise:

- personaler Ich-Erzähler mit erlebenden und erzählenden Zügen
- <u>und</u> zusätzliche erzähltechnische Elemente: Briefe, Zeitungsberichte, Tagebuchauszüge, Dialoge

➤ Aufbrechen der eingeschränkten Perspektive des personalen Ich-Erzählers
➤ Authentizität und realistischer Anschein
➤ Unterhaltung und Spannung

2.3 Übung: Interpretation eines Kapitels mit dem Schwerpunkt Erzähltechnik

Unterrichtsschritt mit Erläuterungen. Nach den Phasen der Sensibilisierung und Erarbeitung erfolgt nun die Anwendung des Gelernten auf ein ganzes Kapitel. Dafür ausgewählt wurde aus verschiedenen Gründen das sich weit vorn im Roman befindende Kapitel »Das Brot« (17,1–18,29). Aufgrund dieser Textposition wird noch nicht die Spannung ›verbraucht‹, die dem später folgenden Kriminalteil innewohnt. Aber auch dieses Kapitel ist für sich inhaltlich spannend, erzählt es doch von der Revolte der Schüler gegen den Lehrer, einer Situation, die für heutige Schülerinnen und Schüler in der Form zwar fremd, aber Neugier erzeugend ist. Vor allen Dingen aber weist das Kapitel verschiedene der erarbeiteten Erzählweisen auf und deren Wirkung und Funktion lassen sich gut erkennen. Auch aufgrund der überschaubaren Textmenge eignet es sich gut zum Üben.

LV / EA / UG

VORLAGE 2b
➤ S. 22
TAFELBILD 2c
➤ S. 23
VORLAGE 2c
➤ S. 23

Eröffnet wird dieser Unterrichtsschritt mit einem kurzen ***Lehrervortrag*** (VORLAGE 2b), der Transparenz über das folgende Geschehen herstellt. Zum Schluss werden die Schülerinnen und Schüler mit dem Impuls konfrontiert, welche Bedeutung Brot für Menschen hat. Nach der Sammlung von Ideen, die in einer Mindmap (TAFELBILD 2c) gesammelt werden können, erfolgt das Gelenk zur Kapitelerarbeitung mit dem Hinweis, dass das zu analysierende Kapitel den Titel »Das Brot« trage, aber kein Brot vorkomme. Daran schließt sich die Gelenkfrage an, was der Leser von einem Kapitel mit dieser Überschrift erwarte. Nun erfolgt die individuelle Lesephase (VORLAGE 2c ***Arbeitsaufträge für die Lesephase***) mit der Fokussierung auf die Erzähltechnik, bei der die Schülerinnen und Schüler im Text bereits erzähltechnisch auffällige Stellen unterstreichen und ggf. am Rand kommentieren sollen. Im abschließenden Unterrichtsgespräch werden die Ergebnisse gesammelt, geklärt und analysiert, um schließlich zu einem Resümee hinsichtlich der angewandten Erzähltechnik zu gelangen. Dabei wird auch die Titelgestaltung nochmals aufgegriffen.

VORLAGE 2b

Lehrervortrag

Sie haben verschiedene Textstellen des Romans hinsichtlich ihrer Erzähltechnik untersucht und dabei ein breites Spektrum an erzähltechnischer Gestaltung kennengelernt. Im folgenden Schritt geht es nun darum, das Erlernte auf ein ganzes Kapitel zu übertragen. Die Analyse des gewählten Kapitels steht unter dem Fokus der Erzähltechnik. Nach der gemeinsamen Erarbeitung im Kurs werden Sie als Hausaufgabe einen Schreibplan ausfüllen, um zu erlernen, wie man die Analyseergebnisse in eine schriftliche Form bringen kann. Ein Schreibplan ist die Vorarbeit für eine schriftliche Analyse. Dabei werden die Ergebnisse in Stichpunkten in eine geordnete Abfolge für den Hauptteil gebracht – das erleichtert den folgenden Schreibprozess. Es wird auch aufgeführt, welche Elemente zu Einleitung und Schluss gehören. Danach verfassen Sie die Analyse.

Das ausgewählte Kapitel heißt »Das Brot«. Bevor wir beginnen, überlegen Sie in einer kurzen Murmelphase mit Ihrem Nachbarn oder Ihrer Nachbarin, welche Bedeutung Brot für den Menschen hat und warum ein Kapitel so heißen könnte.

Medientipp. Mit der App Mentimeter.com können Sie mit den von den Schülerinnen und Schülern genannten Wörtern Wortwolken erstellen. Die Lehrkraft legt sich einen Account unter Mentimeter.com an und wählt die Art der Darstellung. Im Unterricht öffnen die Schülerinnen und Schüler die App menti.com und geben den Code ein, der für diese spezielle Aufgabe generiert wurde. Sie geben ihre Wörter auf dem Handy/Tablet/Rechner ein, und vor ihren Augen baut sich sukzessive das Wortbild auf.

Beispiel für eine Wortwolke, generiert aus zwei Teilnehmer-Beiträgen (der angegebene Code ist nicht mehr aktiv):

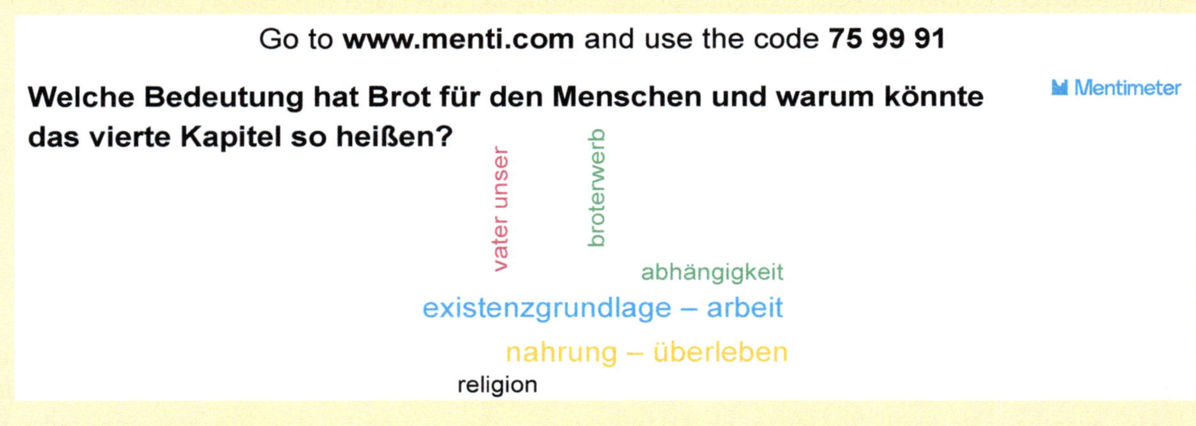

Erläuterungen. Die Ergebnissicherung nach der Lesephase ist Voraussetzung dafür, dass die Schülerinnen und Schüler als Hausaufgabe eine schriftliche Analyse des Kapitels mit dem Fokus auf der Erzähltechnik anfertigen können. Geklärt werden sollte im Unterrichtsgespräch Folgendes:

- Kapitelinhalt: der bereits besprochene Brief und die Reaktion des Lehrers
- Erzähltempus Präsens
- Erzählhaltung: personaler Ich-Erzähler, besonders erlebendes Ich, Einblicke in die Gedanken des Lehrers, innerliche Fragen ➤ Unmittelbarkeit der Darstellung, Unsicherheit des Lehrers
- wortwörtliche Wiedergabe des Briefs: Art des Vorgehens und der Formulierung ➤ Charakterisierung der Schüler; Verblendung und Feigheit
- Versuch eines Dialogs mit den Schülern: nur wörtliche Rede des Lehrers, emotionaler Versuch der Rechtfertigung, aber Verweigerung von Antworten durch die Schüler; nur non-verbale Reaktion (nur höhnisches Lächeln und Grinsen)
- Antwort des Schulleiters auf Bitte nach Versetzung in direkter Rede – rhetorische Frage ➤ Ausweglosigkeit der Situation
- Standpauke des Schulleiters in indirekter Rede; Lehrer als Beobachter des Geschehens (›Bühnenmetaphorik‹)

- Abschluss des Kapitels mit einer inneren Rede des Lehrers an die Schüler: Verachtung, Kampfansage und (opportunistische) Strategie
- darin: titelgebendes Brot als Metapher für die Existenzgrundlage

Fazit: ein Zusammenspiel von Handlungsbeschreibung aus Sicht des Lehrers und begleitender Gedanken besteht; direkte Wiedergabe des Briefs oder der Rede anderer Figuren ermöglicht ungefilterten Einblick in diese Figuren ➤ Direktheit, Unmittelbarkeit und Lebendigkeit der Darstellung.

TAFELBILD 2c

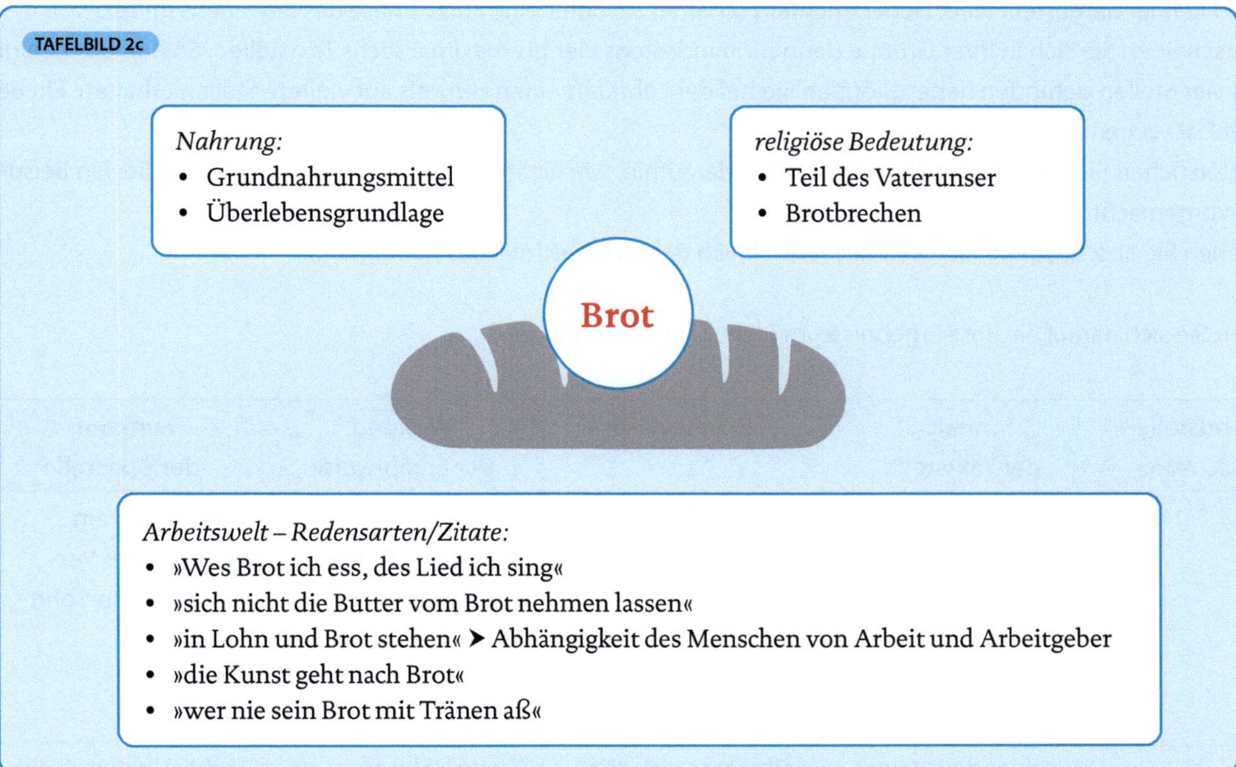

VORLAGE 2c

Arbeitsaufträge für die Lesephase

1. Lesen Sie unter dem Fokus der Erzähltechnik in Einzelarbeit das Kapitel »Das Brot« (S. 17 f.) ›mit dem Bleistift‹. Das heißt, dass Sie beim Lesen Textstellen unterstreichen und am Rand mit Stichworten versehen, die hinsichtlich ihrer erzählerischen Gestaltung aufschlussreich sind.
2. Überlegen Sie bei ausreichender Zeit, welche Bedeutung das titelgebende Brot haben könnte.
3. Stellen Sie sich darauf ein, Ihre Ideen anschließend ins Plenum einzubringen.

Hausaufgabe

EA

Schreiben Sie eine Analyse des 4. Kapitels »Das Brot« (S. 17 f.) unter der Fokussierung der Erzähltechnik.

Hilfestellung: Füllen Sie zunächst den Schreibplan für die erzähltechnisch fokussierte Analyse des Kapitels »Das Brot« aus (ARBEITSBLATT 2c *Schreibplan*).

ARBEITSBLATT 2c
➤ S. 28
Lösungshinweise
➤ S. 99

Notierhilfe

Arbeitsaufträge:

1. Bilden Sie Vierergruppen.
2. Benennen Sie aus Ihrer Lektüre-Erinnerung Textstellen, in denen das Geschehen in unterschiedlicher Form vom Ich-Erzähler dargestellt wird. Gegebenenfalls schalten Sie dafür eine kurze Phase des Bewegens im Text vor.
3. Entscheiden Sie sich in Ihrer Gruppe dann für mindestens vier bis maximal sechs Textstellen. Sollten Sie weniger als vier Stellen gefunden haben, können Sie bei der Lehrkraft einen Hinweis auf weitere Stellen erhalten. Ein Beispiel ist vorgemacht.
4. Untersuchen Sie diese Textstellen gemeinsam daraufhin, wie erzählt wird. Nutzen Sie die Notierhilfe. Ein Beispiel ist vorgemacht.
5. Ziehen Sie abschließend ein Resümee hinsichtlich der Erzähltechnik des Romans.

Stellen Sie sich darauf ein, Ihre Ergebnisse im Plenum zu präsentieren.

Fundstelle (Seite/Zeilen)	**Inhalt der Textstelle**	**Erzählweise**	**Wirkung der Erzählweise**	**Funktion der Textstelle**
S. 7, Z. 8–14	Geburtstagswünsche der Eltern	Wortwörtliche Wiedergabe des Briefs	Belustigung wegen des steifen Tons des Briefs	Hinweis auf ein distanziertes Verhältnis Eltern-Sohn
S. 7, Z. 24–S. 8, Z. 4	Auseinandersetzung mit der beruflichen Situation	Selbstgespräch mit Du-Anrede	Große Nähe zum Ich-Erzähler	Einblick in berufliche Situation und deren Reflexion
S. 12, Z.				

Fundstelle (Seite/Zeilen)	Inhalt der Textstelle	Erzählweise	Wirkung der Erzählweise	Funktion der Textstelle

Resümee hinsichtlich der Erzähltechnik

ARBEITSBLATT 2b (Seite 1 von 2)

Notierhilfe

Arbeitsaufträge:

1. Bilden Sie Vierergruppen.
2. Teilen Sie die vorgegebenen Textstellen unter sich auf, vier sollten Sie mindestens bearbeiten. Lesen Sie diese Textstellen (bei mit x versehenen Textstellen reicht das Anlesen).
3. Untersuchen Sie diese Textstellen gemeinsam daraufhin, wie erzählt wird. Nutzen Sie die Notierhilfe. Zwei Beispiele sind vorgemacht.

*4. Bei ausreichender Zeit: Ziehen Sie abschließend ein Resümee hinsichtlich der Erzähltechnik des Romans.

Stellen Sie sich darauf ein, Ihre Ergebnisse im Plenum zu präsentieren.

Fundstelle (Seite/Zeilen)	**Inhalt der Textstelle**	**Erzählweise**	**Wirkung der Erzählweise**	**Funktion der Textstelle**
S. 7, Z. 8–14	Geburtstagswünsche der Eltern	Wortwörtliche Wiedergabe des Briefs	Belustigung wegen des steifen Tons des Briefs	Hinweis auf ein distanziertes Verhältnis Eltern-Sohn
S. 7, Z. 24–S. 8, Z. 4	Auseinandersetzung mit der beruflichen Situation	Selbstgespräch mit Du-Anrede	Große Nähe zum Ich-Erzähler	Einblick in berufliche Situation und deren Reflexion
S. 12, Z. 16 – S. 13, Z. 5 (Auszug)[x]	Erzählung vom Berufsalltag in der Schule			
S. 44, Z. 25 – S. 45, Z. 27 (Auszug)[x]	Diskussion mit dem Pfarrer über Religion und Staat/Gesellschaft			
S. 58, Z. 5 – S. 60, Z. 14 (Auszug)[x]	Lehrer liest das Tagebuch des Z (Begegnung Z – Eva)			

ARBEITSBLATT 2b (Seite 2 von 2)

Fundstelle (Seite/Zeilen)	Inhalt der Textstelle	Erzählweise	Wirkung der Erzählweise	Funktion der Textstelle
S. 64, Z. 31 – S. 65, Z. 2	Lehrer schämt sich für das Lesen des Tagebuchs von Z			
S. 75, Z. 32 – S. 76, Z. 22 (Auszug)[x]	Lehrer liest die Zeitung mit Artikeln zum Mordprozess, als erstes den auf der Grundlage eines Interviews mit ihm			
S. 82, Z. 1 – S. 84, Z. 15 (Auszug)[x]	Vernehmung des Z vor Gericht			
S. 132, Z. 6 – S. 133, Z. 8 (Auszug)[x]	Polizei holt Lehrer in der Nacht ab			

Resümee hinsichtlich der Erzähltechnik

Schreibplan

Situation: Sie sollen das Kapitel »Das Brot« unter erzähltechnischer Fokussierung analysieren. Dazu füllen Sie den Schreibplan in Stichworten aus – dies hilft Ihnen beim anschließenden schriftlichen Verfassen der Analyse.

Arbeitsauftrag:
Analysieren Sie das Kapitel »Das Brot« (S. 17 f.), indem Sie die Erzähltechnik des Kapitels aufzeigen und erklären.

Schreibplan
Einleitung: Einleitungssatz mit Autor, Titel, Textsorte, Erscheinungsjahr; kurze funktionale Einordnung des Kapitels in das Romanganze; Thema des Kapitels und kurze inhaltliche Wiedergabe
Hauptteil: chronologisch angeordnete Analyse der Erzähltechnik
Schluss: resümierende Schlussgedanken bezogen auf die erzähltechnische Gestaltung des gesamten Kapitels

3 Beziehungen – Die Figuren und ihre Konstellation im Roman untersuchen

Sachanalyse

Die Betrachtung der Figuren und ihrer Beziehungen gehört zu den Grundoperationen der Textanalyse. Aus den Beziehungen heraus entwickelt sich meist die epische Handlung, häufig durch Konfliktsituationen. Dies zeigt sich auch im Roman *Jugend ohne Gott*, in dessen Zentrum der Lehrer steht. Betrachtet man seine Beziehung zu den Schülern, zeigt sich, dass er sie nur beim Anfangsbuchstaben nennt. So bleiben sie namen- und konturlos, bis auf die wenigen Ausnahmen derjenigen Schüler, die in irgendeiner Weise in die Vorfälle im Zeltlager involviert sind: N als hochgradig an die herrschende Ideologie angepasster Mitläufer, Z als isolierter Pubertierender, T als der emotionslose und kühle Intellektuelle. Alle Schüler haben den Protestbrief gegen den Lehrer unterzeichnet (bis auf W, der krank ist und verstirbt), auch alle 5 Bs (von denen einer aber später zum Verbündeten des Lehrers wird). Sie verkörpern eine Jugend, die kritiklos und opportunistisch den Regeln der Eltern folgt, die ihrerseits wiederum selbst auch Mitläufer, Nutznießer oder überzeugte Unterstützer des diktatorischen Regimes sind. Auch die Eltern bleiben namenlos, auch sie gehören zu den Regimetreuen.

Zwei weitere wichtige Erwachsene werden nur mit ihrer Funktion benannt: der Pfarrer, der als Mann Gottes einen sehr differenzierten Blick auf Kirche und Staat hat und den Lehrer in den Gesprächen zum Nachdenken bringt – auch über sein Verhältnis zu Gott und Religion; der Feldwebel, der als Soldat »für den Frieden« (77,1) ist und nolens volens die militärische Ausbildung der Jungen im Zeltlager betreut, dies aber mit großer Zuverlässigkeit und großem Pflichtbewusstsein erledigt. In diese Gruppe gehören auch die Eltern, zu denen der Lehrer ein freundliches, aber distanziertes Verhältnis pflegt, sowie der Schuldirektor. Diese Figuren bilden eine Gruppe, die sich dem Regime angepasst hat und deshalb ihre wahre Meinung nie öffentlich preisgeben würde. Allerdings könnte man den Pfarrer als Grenzfall sehen, da er schon eher seine Meinung kundtut.

Nur zwei wichtige Figuren tragen Namen – Eva und Julius Caesar (und bei den Nebenfiguren die Prostituierte Fräulein Nelly). Sie sind beide für den Lehrer von großer Bedeutung und gehören doch beide zu den Außenseitern der Gesellschaft: Eva als arme Waise, die sich ihren Lebensunterhalt durch kleinkriminelle Aktivitäten verdient und auch Sex als probates Mittel einsetzt, und Julius Caesar, ein Spitzname für einen ehemaligen Kollegen, ein Altphilologe, der den Dienst quittieren musste, weil er sich mit einer minderjährigen Schülerin eingelassen hatte und ins Gefängnis gekommen war. Diese beiden Figuren zeigen sich trotz ihrer sonstigen (vermeintlichen) Verfehlungen als diejenigen, die die Wahrheit lieben. Zusammen mit der B-Bande wird Julius Caesar der Verbündete des Lehrers, der ihm hilft, den Täter zu finden und zu stellen. Diese Figuren sehen das Regime äußert kritisch und nehmen eine rebellische Haltung ein.

So lässt sich in der Analyse der Figurenkonstellation nicht nur erkennen, wer dem Lehrer mit Nähe oder Distanz gegenübersteht, sondern es ergibt sich eine auffällige Korrespondenz bezüglich der Haltung zum autoritären Regime (die mit der Haltung des Lehrers – zumindest am Schluss – kongruent ist).

Unterrichtsverlauf

Überblick. Ausgehend von der Besprechung des Briefs (Kapitel »Das Brot«, S. 17 f.), in dem die problematische Lehrer-Schüler-Beziehung deutlich wird, vergleichen die Schülerinnen und Schüler ihre schriftlichen Analysen des Kapitels und wenden sich dann weiteren Beziehungen der Figuren im ganzen Roman zu. So erarbeiten sie, welche Figuren und ihre Gruppierungen im Hinblick auf den Lehrer relevant für die Romanhandlung sind, und führen dies zu einer visualisierten Figurenkonstellation zusammen. ! **Verkürzter Verlauf: 3.1 – 3.2 – 3.4**

Phase	Thema	Sozialform	Kompetenzen und Lernziele	Materialien
3.1	Der Brief der Schüler: Anknüpfung an die Hausaufgabe – Erweiterung auf die Figurenkonstellation	UG	• Bedeutung des Briefs erfassen	VORLAGE 3a ➤ S. 30
3.2	Kooperative Revision der Analysen	GA / UG	• Vergleich der Analysen vornehmen • Methodische Reflexion von Textrevisionen üben	VORLAGE 3b ➤ S. 31 ARBEITSBLATT 3 ➤ S. 35
3.3 fakultativ	Figurenrepertoire und mögliche Gruppierungen	UG	• Figuren und ihre Gruppierungen als Analyseaspekt kennen	TAFELBILD 3a ➤ S. 32
3.4	Figurenkonstellation	GA / UG	• Beziehungen von Figuren erkennen und visualisieren	VORLAGE 3c ➤ S. 33 TAFELBILD 3b ➤ S. 34

3.1 Der Brief der Schüler: Anknüpfung an die Hausaufgabe – Erweiterung auf die Figurenkonstellation

UG

VORLAGE 3a ➤ S. 30

Unterrichtsschritt. Als Hinführung zum Thema der Unterrichtsstunde konfrontiert die Lehrkraft die Lerngruppe mit dem Brief, den die Schüler an den Lehrer verfasst haben und in dem sie ihm mitteilen, dass sie nicht mehr von ihm unterrichtet werden wollen (VORLAGE 3a). Alle Schüler haben ihn unterschrieben (bis auf den kranken W). Diese Textstelle stammt aus dem (4.) Romankapitel »Das Brot« (S. 17 f.), für dessen Analyse die Schüler eine schriftliche Arbeit erstellt haben. Nach der Möglichkeit der spontanen Äußerung zur Textstelle fragt die Lehrkraft im Allgemeinen nach, was solch ein Brief für einen Lehrer bedeute und welche Möglichkeiten der Reaktion ein Lehrer habe. Danach wird auf den Roman rekurriert und abgeglichen, wie der Lehrer des Romans reagiert und welche Schüler-Lehrer-Beziehung deutlich wird. Als Gelenk-Impuls, um zur Auswertung der Hausaufgabe überzuleiten, fragt die Lehrkraft nach, wie die Schülerinnen und Schüler die Analyse des Briefs in ihren Schreibplan zur Analyse des Romankapitels integriert haben.

Erläuterungen. Wenn Schüler zu einem solchen Mittel wie in dem Brief greifen, dann weist dies in der Tat auf den dort angesprochenen Vertrauensverlust hin. Eine kommunikativ geschulte Lehrkraft könnte das Gespräch mit den Schülern suchen, das Vorgefallene klären und gemeinsam könnte nach einer Lösung gesucht werden. Eine vielleicht eher autoritär veranlagte Lehrkraft könnte den Brief ignorieren und ggf. mit subtilen Mitteln die Schüler disziplinieren oder sie bestrafen. Der in *Jugend ohne Gott* dargestellte Lehrer reagiert beleidigt. Als er bemerkt, dass ein Schüler seine Worte protokolliert, meldet er den Vorfall seinem Schulleiter, der die Klasse mit sehr deutlichen Worten zurechtweist. Das Verhältnis ist somit gänzlich gestört.

Um eine möglichst authentische Briefsituation herzustellen, wurde bei der Wiedergabe in VORLAGE 3a auf die Anführungszeichen und den Einschub (17,15) verzichtet.

Mögliche Impulse für das Unterrichtsgespräch:

- Wenn ein Lehrer so einen Brief von seiner Klasse erhält, wie könnte oder sollte er Ihrer Meinung nach reagieren?
- Vergleichen Sie Ihre Ideen mit der Reaktion des Lehrers in *Jugend ohne Gott.*

VORLAGE 3a

Wir wünschen nicht mehr von Ihnen unterrichtet zu werden, denn nach dem Vorgefallenen haben wir Endesunterzeichneten kein Vertrauen mehr zu Ihnen und bitten um eine andere Lehrkraft.

Impuls als Gelenk zum nächsten Unterrichtsschritt:

- Sie haben als Hausaufgabe eine schriftliche Analyse des Kapitels »Das Brot« verfasst. Wie sind Sie dabei mit dieser Textstelle umgegangen?

3.2 Kooperative Revision der Analysen

Unterrichtsschritt. Mittels des Gelenkimpulses ist bereits die Hausaufgabe – die Erstellung einer Textanalyse mit dem Fokus auf Erzähltechnik – in den Mittelpunkt gerückt. Nach der exemplarischen Thematisierung des Schülerbriefs soll nun die gesamte Analyse mittels eines kooperativen Revisionsverfahrens in den Blick genommen werden. Dazu wird die Revision mit Hilfe einer Checkliste angewendet (ARBEITSBLATT 3 ***Rückmeldebogen***). Dazu erteilt die Lehrkraft eine Instruktion (VORLAGE 3b ***Kooperative Textrevision mit Hilfe eines Rückmeldebogens***), die mittels Beamer/Smartboard oder als Arbeitsblatt visualisiert werden sollte. Nach Durchführung der Textrevision werden die Methodenreflexionsimpulse im Plenum besprochen, die von schnelleren Gruppen schon bearbeitet worden sind (zweite Tempo-Aufgabe auf VORLAGE 3b).

GA / UG

VORLAGE 3b ➤ S. 31

ARBEITSBLATT 3 ➤ S. 35

VORLAGE 3b

Kooperative Textrevision mit Hilfe eines Rückmeldebogens

- Bilden Sie Dreiergruppen. Jede/r erhält einen Rückmeldebogen (ARBEITSBLATT 3) und versieht ihn mit seinem/ihrem Namen.
- Reichen Sie nun die Analyse und Ihren Bogen an Ihre/n Nachbarn/in zur Rechten – Sie erhalten im Gegenzug die Analyse und den Bogen vom / von der linken Nachbarn/in.
- Lesen Sie die Analyse gründlich und geben Sie anhand des Bogens eine Rückmeldung. Der/die erste Leser/in füllt dazu die Spalte 1 aus, ggf. werden noch in der ganz rechten Spalte weitere Erläuterungen/Hinweise notiert. Abschließend ergänzen Sie noch das Fazit. Es müssen nicht vom ersten Leser / von der ersten Leserin jeweils 3 Punkte genannt werden, der/die zweite soll hier ergänzen, so dass das Fazit am Ende komplett gefüllt ist.
- Wenn Sie mit dem ersten Durchgang fertig sind, erfolgt der nächste Ringtausch nach rechts und Sie verfahren wie gerade beschrieben mit Spalte 2.
- Wenn auch der zweite Durchgang erfolgt ist, erhält jede/r seine/ihre Analyse mit dem Rückmeldebogen zurück und liest die Rückmeldung.
- *Tempo-Aufgabe bei Wartezeit auf die nächste Analyse. In der Analyse geht es um den Lehrer und seine Schüler. Überlegen Sie, welche weiteren Figuren im Roman relevant sind und notieren Sie ihre Namen bzw. Bezeichnung (z. B. der Pfarrer).*
- Anschließend tauschen Sie sich über die Rückmeldungen aus: Wo gibt es Fragen zur Rückmeldung? Wo zeigen sich Unterschiede in der Analyse? Wie könnten die Analysen verbessert werden?
- *Tempo-Aufgabe für schnelle Gruppen. Besprechen Sie folgende Fragen: Wie beurteilen Sie dieses Verfahren der Rückmeldung? Wie könnte es noch verbessert werden? Wie geht man nun mit der Rückmeldung weiter vor?*
- Stellen Sie sich darauf ein, Ihre Besprechungsergebnisse ins Plenum einzubringen. Ggf. fertigen Sie dazu Stichpunkte an.

Erläuterungen. Im Anhang befindet sich eine Musteranalyse, anhand derer die Lehrkraft sich bezüglich der zu erwartenden inhaltlichen Leistung orientieren kann. Es steht ihr frei, diese Musteranalyse auch für die Arbeit im Unterricht zu nutzen (Lösungshinweise zur Hausaufgabe der 2. Stunde, S. 99).

Zur Methode der Revision mit Hilfe einer Checkliste (ARBEITSBLATT 3) vgl. Angelika Steets, »Schreiben«, in: *Deutsch Methodik. Handbuch für die Sekundarstufe I und II*, hrsg. von Gisela Beste, Berlin 2015, S. 64.

3.3 Figurenrepertoire und mögliche Gruppierungen (fakultativ)

UG

TAFELBILD 3a

➤ S. 32

Unterrichtsschritt. Der Lehrer als Protagonist und seine Schüler als ihn ablehnende Gruppe sind bereits genauer betrachtet worden. Im nächsten Schritt wird der Blick auf alle relevanten Figuren ausgeweitet. Eventuell haben einzelne Schülerinnen und Schüler bereits damit begonnen (s. erste Tempo-Aufgabe in VORLAGE 3b). Im Unterrichtsgespräch werden die Figuren gesammelt und bereits in Vorbereitung auf die im Anschluss anzufertigende Figurenkonstellation gruppiert. Die Sortierung gibt die Lehrkraft aber nicht vor, sondern bittet die Lerngruppe zu überlegen, welche Figurenstrukturierung sie vornehmen könnten und welche Perspektiven die jeweilige Zusammenstellung auf den Roman eröffnen. Wenn man die Figuren einzeln auf Karten/Folienschnipsel schreibt, kann man diese gut sichtbar zu Gruppen zusammenschieben. Eine mögliche Sortierung wird in TAFELBILD 3a geboten.

Leitfragen für das Unterrichtsgespräch:
- Welche Figuren treten im Verlauf des Romans auf?
- Wie könnte man die Figuren zu Gruppen zusammenfassen?
- Warum haben einige Figuren Namen, andere nicht oder nur einen Anfangsbuchstaben?
- Was könnten die Buchstaben/Namen bedeuten?

Erläuterungen. Mögliche Sortierungen sind beispielsweise:
- nach Alter: Erwachsene – Jugendliche
- nach Beziehung zum Lehrer: Freunde/Unterstützer – Feinde/Gegenspieler – neutral
- nach Einstellung zum Regime: Anhänger – Gegner
- nach Namen: mit Namen – nur Anfangsbuchstaben – namenlos/Beruf oder Funktion

Diese vier Beispiele zeigen, dass eine Figur Teil verschiedener Systeme oder Gruppierungen ist und dass sie deshalb sehr unterschiedliche Perspektiven auf einen Sachverhalt oder eine Beziehung haben kann und sich bei Konflikten entscheiden muss.

Interessant ist in diesem Zusammenhang die Gestaltung der Namen. Der Protagonist bleibt namenlos, könnte also als ein typischer Repräsentant der Opportunisten gesehen werden. Aber da er zugleich Erzähler ist, werden

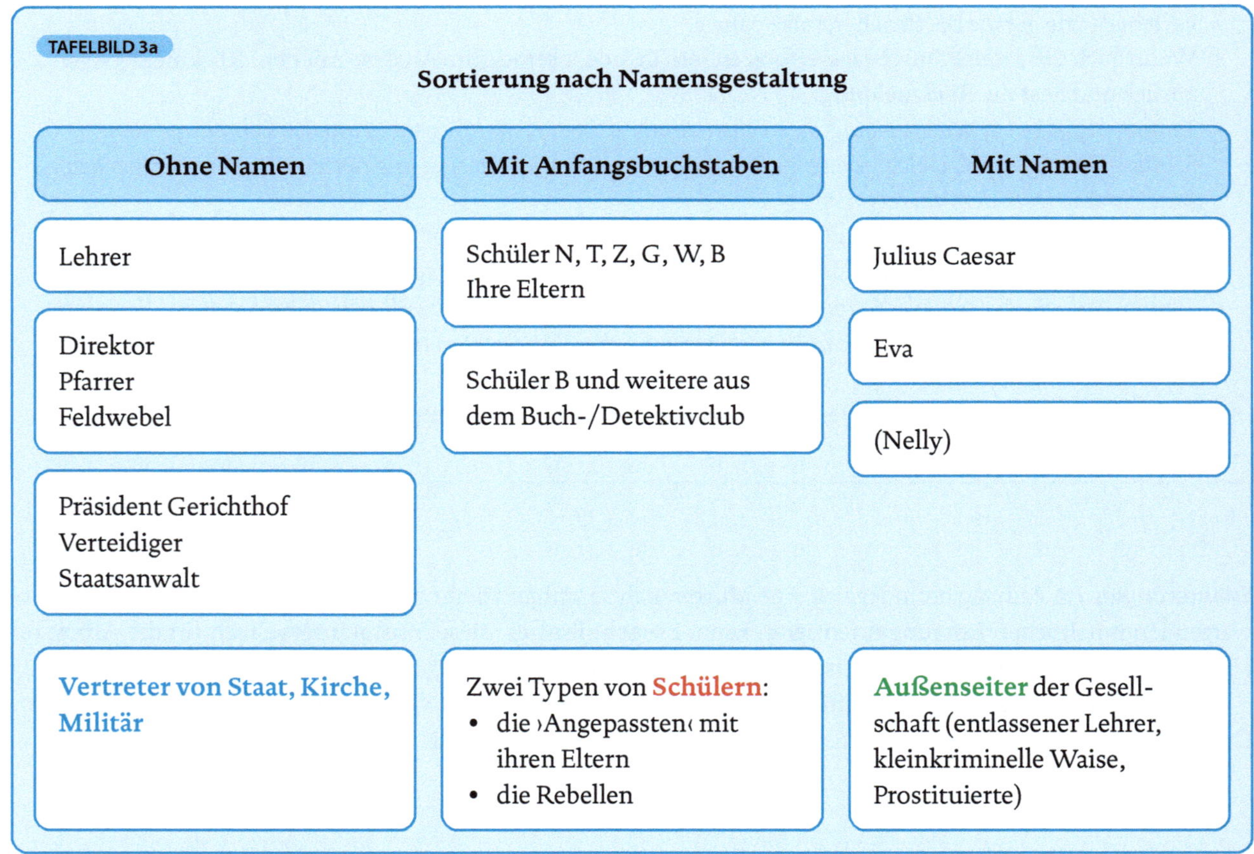

TAFELBILD 3a

Sortierung nach Namensgestaltung

Ohne Namen	Mit Anfangsbuchstaben	Mit Namen
Lehrer	Schüler N, T, Z, G, W, B Ihre Eltern	Julius Caesar
Direktor Pfarrer Feldwebel	Schüler B und weitere aus dem Buch-/Detektivclub	Eva
		(Nelly)
Präsident Gerichthof Verteidiger Staatsanwalt		
Vertreter von Staat, Kirche, Militär	Zwei Typen von Schülern: • die ›Angepassten‹ mit ihren Eltern • die Rebellen	Außenseiter der Gesellschaft (entlassener Lehrer, kleinkriminelle Waise, Prostituierte)

seine Individualität und schließlich auch seine Entwicklung deutlich. Viele Erwachsene bleiben namenlos und werden aufgrund ihrer (beruflichen) Funktion identifiziert, so der Direktor, der Pfarrer oder der Feldwebel. In ihrer jeweiligen Funktion tragen sie zur Entwicklung des Lehrers bei. Die Schüler werden nur mit dem Anfangsbuchstaben benannt, so auch ihre Eltern. Eventuell könnte man bei bestimmten Buchstaben überlegen, wofür sie stehen (N – Nazi, T – Täter). Ganz wenige Figuren tragen einen Namen: Das ist zum einen Julius Caesar, wobei sein Name ein Spitzname des ehemaligen Altphilologie-Lehrers ist. Das Mädchen Eva ist neben der weitaus unbedeutenderen Nelly die einzige mit einem richtigen Namen. Vielleicht soll ihr Name an die biblische Eva erinnern.

3.4 Figurenkonstellation

Unterrichtsschritt. Der letzte Schritt vertieft die Figurenbetrachtung. Dazu fertigen die Schülerinnen und Schüler anhand der VORLAGE 3c ***Arbeitsaufträge Figurenkonstellation*** eine visualisierte Figurenkonstellation an – ein probates Verfahren, um ausschnittmäßig (also bis zu einer bestimmten Textstelle) oder als Überblick die Beziehungen der Figuren zueinander zu verdeutlichen. Als Ausgangspunkt wird der Lehrer als Protagonist im Zentrum gewählt und die auftretenden Figuren im Hinblick auf Nähe beziehungsweise Distanz zu ihm angeordnet. Die Beschriftung der Beziehungspfeile erklärt ein Verhältnis genauer. So verfügt der Kurs anschließend über eine große Sicherheit bezüglich der zahlreichen Verbindungen, die für den Ablauf der Romanhandlung nicht unerheblich sind. Ein Beispiel bietet TAFELBILD 3b. In der anschließenden Plenumsphase können einzelne Beziehungen auch vertiefend besprochen werden.

GA / UG

VORLAGE 3c ➤ S. 33

TAFELBILD 3b ➤ S. 34

VORLAGE 3c

Arbeitsaufträge Figurenkonstellation

1. Bilden Sie Dreiergruppen. Stellen Sie die Figuren zusammen, die Sie aufnehmen möchten.
2. Beginnen Sie mit dem Lehrer im Zentrum. Ordnen Sie nun die Figuren um ihn herum an. Überlegen Sie dabei, welche Figuren(gruppen) näher oder weiter von ihm entfernt sind.
3. Wenn die Anordnung fertig ist, verbinden Sie den Lehrer und die Figuren(gruppen) mit Pfeilen (Pfeilrichtung beachten) und beschriften Sie die Pfeile hinsichtlich der Verbindung von Lehrer und Figur.
4. Stellen Sie sich darauf ein, die Figurenkonstellation präsentieren und erläutern zu können.
5. *Tempo-Aufgabe: Überlegen Sie, wie die jeweiligen Figuren(gruppen) zum Regime stehen, und ergänzen Sie dies in Ihrer Figurenkonstellation. Was fällt Ihnen auf?*

Erläuterungen. Die Lehrkraft sollte das Vorwissen zur Figurenkonstellation abrufen und bei geringen Kenntnissen das Vorgehen kurz erklären. Eine Vorarbeit ist aufgrund des vorigen Unterrichtsschritts bereits geleistet. Nun ist entscheidend, welche Form der Visualisierung – je nach medialen Voraussetzungen – möglich ist. So könnten Plakate gestaltet werden, die im Kursraum aufgehängt werden. Alternativ ist auch denkbar, mit weißen Blättern zu arbeiten, auf die gezeichnet wird oder auf die kleine Post-Its geklebt werden. Wichtig ist, dass Möglichkeiten der Korrektur bedacht werden (zunächst mit Bleistift arbeiten; Post-Its können verschoben werden). Der Einsatz einer Dokumentenkamera oder das Abfotografieren und Projizieren über Beamer bzw. Smartboard sind gängige Visualisierungstechniken. Die Schülerinnen und Schüler arbeiten in Gruppen und sollten angehalten werden, ihr Ergebnis präsentieren und erläutern zu können. Sollte die Tempo-Aufgabe von keiner Gruppe gelöst worden sein, sollte man den Impuls dennoch ins Plenum aufnehmen, da die Überschneidung von Verhalten der Figuren(gruppen) gegenüber dem Lehrer und dem Regime aufschlussreich ist.

Betrachtet man die entstandene Figurenkonstellation, so lassen sich grob drei Gruppen ausmachen. 1. Es gibt die Figuren, die den Lehrer auf verschiedene Weise unterstützen; dabei fällt auf, dass diese in der Gesellschaft eher zu den Außenseitern, ›schwarzen Schafen‹, gehören und auch das Regime ablehnen. Zu dieser Gruppe wird sich schlussendlich auch der Lehrer gesellen. 2. Dann gibt es eine Gruppe, die dem Lehrer durchaus freundlich zugetan ist, aber aufgrund ihrer Angepasstheit und auch Sorgen um ihren Status und ihr finanzielles Überleben, in Distanz zum Lehrer verbleibt (Eltern, Schuldirektor, Feldwebel). 3. Die letzte Gruppe steht dem Lehrer mit of-

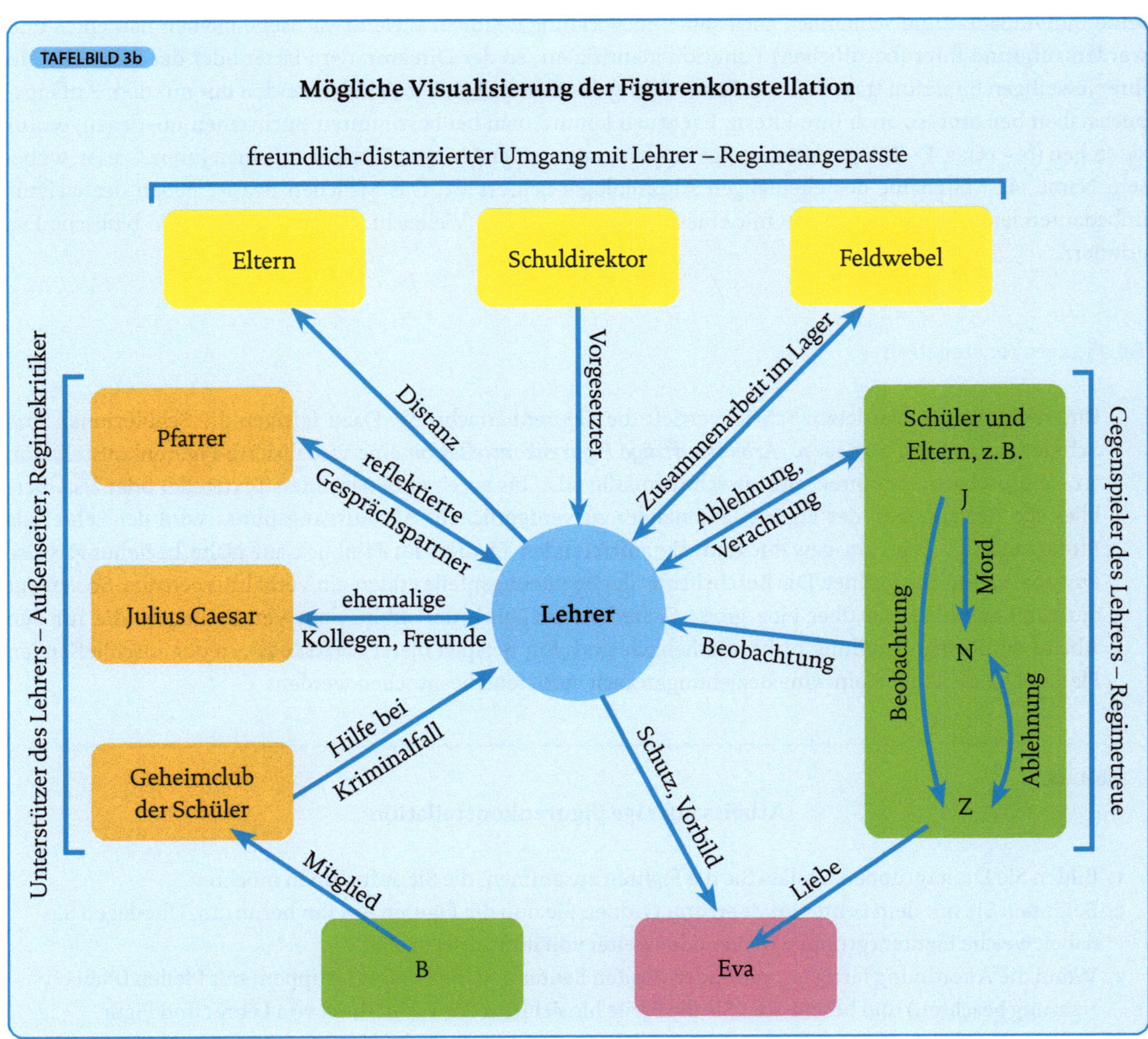

fener Ablehnung gegenüber. Dies sind vor allem die Schüler (Ausnahme B) und deren Eltern, besonders deutlich bei N und seinem Vater (der Bäckermeister). Sie jubeln dem Regime zu und strafen Menschen mit humanistischer Gesinnung, die der Lehrer zweifellos hat, mit großer Verachtung.

Medientipp. Um die Ergebnisse zu visualieren, kann die Lehrkraft ein Padlet anlegen (padlet.com). Das ist eine digitale Pinnwand, auf der man mit den Schülerinnen und Schülern zusammenarbeiten kann. Die Lehrkraft legt sich ein Konto zu und erstellt ein neues Padlet, z. B. mit dem Namen des Kurses. Sie kann Rechte verteilen, z. B. ob nur sie Dateien hochladen kann oder auch die Schüler. Hochgeladen werden können die verschiedensten Formate, Text-, Bild-, Audio- oder Filmdateien (Rechte beachten!). Die Figurenkonstellationen können abfotografiert werden und anschließend auf das Padlet hochgeladen werden. So kann jede/r einzelne Schüler/in das Ergebnis betrachten – oder es wird über Rechner und Beamer/Smartboard projiziert. Abschließend kann aus dem Padlet eine PDF-Datei erzeugt werden, die allen zur Verfügung gestellt werden kann. Das Programm ist nur für eine beschränkte Anzahl von Padlets kostenfrei.

ARBEITSBLATT 3 **(Seite 1 von 2)**

Rückmeldebogen

für: ...., ausgefüllt von: 1. .... und 2. ....

Kriterium	1. erfüllt +/o/–	2. erfüllt +/o/–	ggf. Erläuterung/Hinweise
Inhaltliche Leistung			
Die Einleitung enthält die *bibliografischen Angaben*: Autor, Titel des Romans + Kapitel, Erscheinungsjahr			
Das *Thema* wird in der Einleitung zutreffend wiedergegeben: zunehmende Verschlechterung der Beziehung Lehrer-Schüler			
Der *Inhalt* wird kurz wiedergegeben: Unterricht in der Klasse, in der es Vorfall mit dem »Neger« in dem Aufsatz zu Kolonien gegeben hatte; Brief aller Schüler mit Bitte um andern Lehrer, vergeblicher Versuch des Lehrers, mit den Schülern die Situation zu klären; Eskalation wegen Protokollierens, herbeigerufener Schuldirektor diszipliniert die Klasse ➤ verhärtete Fronten			
Die *Erzählhaltung und ihre Funktion* werden dargestellt: personaler Erzähler, Beschränkung auf seine Sicht			
Das *Erzähltempus und seine Funktion* werden aufgezeigt: Präsens – Unmittelbarkeit der Darstellung			
Die *Bedeutung der zahlreichen Fragen* wird erklärt: angespannte Atmosphäre, Verunsicherung des Lehrers			
Der *Brief*, seine Gestaltung, Funktion und die Reaktion des Lehrers werden erläutert: sehr formale Sprachwahl ➤ Distanz, Überheblichkeit, Verblendung – Lehrer reagiert mit erregtem Vortrag			
Die Szene beim *Schulleiter* und sein Auftritt werden aufgegriffen: rhetorische Frage ➤ Unveränderlichkeit der Situation; inszenierte Disziplinierung der Klasse »Schauspieler« (18,13); Lehrer als Beobachter			
Der *Schluss* des Kapitels wird erklärt: innere Rede des Lehrers an die Schüler: Verachtung, opportunistische Strategie, Hass			

Kriterium	1. erfüllt +/o/–	2. erfüllt +/o/–	ggf. Erläuterung/Hinweise
Das *Erzählverfahren* wird durchgängig in den Blick genommen.			
Die Bedeutung des *Titels* »Das Brot« wird erklärt: Bild für Arbeit, Lebensgrundlage, Existenz, die sich Lehrer nicht zerstören lassen will			
Es gibt einen *Schluss*, der die Erzähltechnik resümierend darstellt: Zusammenspiel von Handlungsbeschreibung und begleitender Gedanken aus Sicht des Lehrers plus direkte Äußerungen anderer Figuren (Brief, Rede): Direktheit, Unmittelbarkeit der Darstellung			
Ggf. weitere Aspekte			

Darstellungsleistung			
Klarer *Aufbau und Struktur*			
Verwendung von *Fachbegriffen*; Präsens als Analysetempus, Konjunktiv bei Redewiedergabe			
angemessenes, richtiges *Zitieren*			
eigenständiges, allgemeinsprachlich präzises und stilistisch angemessenes *Formulieren*			
sprachlich richtiges (R, Z, G – ohne Tempora und Modalität) und formal korrektes *Schreiben*			

Fazit
Die drei Dinge haben mir besonders zugesagt: 1. 2. 3.
Diese drei Hinweise solltest du beachten: 1. 2. 3.

4 Fisch – Auge – Venus: Die Motivik des Romans untersuchen

Sachanalyse

Zu den zentralen Gestaltungsmerkmalen des Romans gehört die Verwendung verschiedener Motive, die nicht nur jedes für sich, sondern auch in ihrer Verflechtung kunstvoll angelegt sind. So zeigt sich besonders der Fisch als zentrales und bedeutsames Motiv. Deutlich wird dies bereits bei der Betrachtung der Kapitelüberschriften, die in verschiedener Art und Weise dieses Motiv aufgreifen.

So steht das Fischmotiv zum einen für die Charakterisierung des im Roman dargestellten herrschenden Zeitgeists und damit auch seiner Kritik. Der ehemalige Kollege des Lehrers »Julius Caesar« (22,17) bezeichnet die Romangegenwart als »Zeitalter der Fische« (21,17, Kapitelüberschrift) und meint damit, dass die Figuren in einer Zeit leben, in der Kälte, Härte, (seelische) Erstarrung, Inhumanität und Konformismus herrschen. Die religiöse Bedeutung des Fischs als Symbol für den Gottessohn, den ›Menschenfischer‹ und Erlöser,[1] wird damit pervertiert und weist innerhalb der biblischen Anspielungen auf den Titel, die »Jugend«, eigentlich Gesellschaft, »ohne Gott« hin. Mit dem Fischmotiv verzahnt ist das Augenmotiv. So wird der Täter T als »Fisch« mit »helle[n] runde[n] Augen« »[o]hne Schimmer, ohne Glanz« (29,19–21) entlarvt, die Augen spiegeln seine Gefühlskälte, Teilnahms- und Mitleidslosigkeit wider. Er ist der repräsentative Typus Mensch des »Zeitalter[s] der Fische« (21,17), der mordet ohne Gewissensbisse, einfach nur um zu beobachten, wie ein Mensch stirbt (vgl. 106,28 f.).

Das Augenmotiv spielt auch bei den Nebenfiguren, z. B. den Mädchen aus dem Schloss, eine Rolle. Auch ihre Augen starren, werden allerdings verglichen mit den Augen von Kühen, was eine gewisse Beschränktheit suggerieren könnte. Dieser Mädchentypus wird als »Die marschierende Venus« (33,19, Kapitelüberschrift) bezeichnet und steht für das faschistische Frauenbild. Es handle sich nicht mehr, so Julius Caesar, um verführerische, schöne Frauen, also um eine Art von ›Venusfiguren‹, sondern um reizlose »Ungeheuer« (24,13).[2] Auch andere Romanfiguren werden mit Hilfe ihrer Augen, ihres Blicks charakterisiert, etwa die Diebin Eva oder die Heimarbeiterkinder.

Besonders aber begleitet das Augenmotiv das sich wandelnde Gottesbild des Lehrers vom bösen hin zum gütigen Gott. So werden Gottes Augen zuerst als stechend, tückisch und kalt (vgl. 86,20 f.) beschrieben. Mit der zunehmenden Hinwendung des Lehrers zu Gott verändert sich auch die Beschreibung der Augen Gottes. Sie werden als still wie die dunklen Seen in den Wäldern seiner Kindheit dargestellt (vgl. 93,34 f.) und sind damit eng verbunden mit der Beschreibung von Evas Augen, nachdem der Lehrer sich durchgerungen hatte, vor Gericht die Wahrheit zu sagen. Durch Evas Augen schauen ihn die »anderen« (135,25) Augen an, der Lehrer erkennt letztendlich, dass diese Augen Gott gehören, und findet seinen Glauben wieder. Die Wahl des Vornamens und die Bezeichnung des Liebespaares Eva – Z als »Adam und Eva« (56,13, Kapitelüberschrift) oder die Etikettierung des Endes ihrer Beziehung als »Vertrieben aus dem Paradies« (94,1, Kapitelüberschrift) gehören zur biblischen Motivik des Romans.

Neben den religiösen Konnotationen hat das Fischmotiv auch Funktionen als Verknüpfungselement innerhalb der Detektivgeschichte[3] mit den dazugehörigen Metaphern des (Fisch-)Fangs des Mörders. So wird beispielsweise beschrieben, dass Fische bei Regen besser anbeißen (vgl. 125,9). Auch in den Kapitelüberschriften finden sich Metaphern des Fischfangs (»Der Köder«, 121,28; »Im Netz«, 124,13). So zeigt sich, dass also bereits die Kapitelüberschriften häufig mit Metaphern und Symbolen arbeiten, die für die Charakterisierung des Geschehens und der Figuren oder für das Voranschreiten der Handlung relevant sind – also insgesamt eine höhere Aussagekraft besitzen, als es die eher schlichte Titelgestaltung zunächst vermuten lassen könnte.

1 Das griechische Wort *ichthys* ›Fisch‹ wurde bereits in der Spätantike als Akronym für *Iesous Christos theou hyios soter* »Jesus Christus, Sohn Gottes, Erretter« genutzt; der Fisch war schon damals ein häufiges christliches Bildmotiv.

2 Genaueres dazu in der 5. Unterrichtsstunde, insbesondere 5.1, S. 47 f.

3 Siehe 6. Unterrichtsstunde, S. 56 f.

Unterrichtsverlauf

Überblick. Ausgehend von der Untersuchung der Kapitelüberschriften arbeiten die Schülerinnen und Schüler zentrale Motive des Romans heraus und untersuchen anschließend exemplarisch die Motive Fisch und als fakultative Übung Auge. Als Hausaufgabe analysieren sie das Motiv der »marschierende[n] Venus« (33,19) des gleichnamigen Kapitels. ! Verkürzter Verlauf: 4.1 – 4.2

Phase	Thema	Sozialform	Kompetenzen und Lernziele	Materialien
4.1	Die Kapitelüberschriften als Zugang zur Erzählgestaltung	PA / UG	• Gestaltung der Titel erkennen und zentrale Motive herausarbeiten	LESEPROTOKOLL ➤ S. 11 TAFELBILD 4a ➤ S. 39 VORLAGE 4a ➤ S. 39 TAFELBILD 4b ➤ S. 39
4.2	Fisch als zentrales Motiv des Romans	UG	• Bedeutung des Motivs erkennen	TAFELBILD 4c ➤ S. 40 ARBEITSBLATT 4a ➤ S. 43 VORLAGE 4b ➤ S. 41 VORLAGE 4c ➤ S. 41
4.3 fakultativ	Auge als weiteres wichtiges Motiv	PA / UG	• Selbständig ein weiteres Motiv ergründen	ARBEITSBLATT 4b ➤ S. 44 TAFELBILD 4d ➤ S. 42
HA	Analyse des Motivs »Die marschierende Venus«		• Eine auf das Motiv fokussierte schriftliche Analyse anfertigen	*Jugend ohne Gott*, Reclam XL, S. 33–35

4.1 Die Kapitelüberschriften als Zugang zur Erzählgestaltung

PA / UG

LESEPROTOKOLL ➤ S. 11
TAFELBILD 4a ➤ S. 39
VORLAGE 4a ➤ S. 39
TAFELBILD 4b ➤ S. 39

Unterrichtsschritt. Die Schülerinnen und Schüler betrachten die Kapitelüberschriften (Ausgabe Reclam XL, S. 178 f., oder, falls damit gearbeitet wurde, in ihrem LESEPROTOKOLL) und tauschen sich anschließend in einer Murmelphase mit ihrem Sitznachbarn oder ihrer Sitznachbarin über ihre Beobachtungen aus. Im Plenum werden diese gesammelt, besprochen und strukturiert und im TAFELBILD 4a festgehalten. Um die Funktion der Kapitelüberschriften zu erschließen, muss der Blick nochmals auf den ganzen Roman geweitet werden. Daher sucht sich jede Schülerin und jeder Schüler ein Kapitel aus, das nochmals gelesen wird (VORLAGE 4a *Arbeitsauftrag*). So können in dem sich anschließenden Unterrichtsgespräch verschiedene Aspekte zusammengestellt werden, so dass die Vielschichtigkeit der eher spröde wirkenden Überschriften deutlich wird. Die Ergebnisse werden in TAFELBILD 4b festgehalten (die Beispiele brauchen nicht an der Tafel notiert werden, sollten aber mündlich eingebracht werden).

Impulse für den ersten Teil des Unterrichtsgesprächs:

- Lesen Sie zunächst jede/r für sich die Kapitelüberschriften. Achten Sie auf die Gestaltung, z. B. Wortwahl, Wiederholungen. Fertigen Sie am Rand Notizen an.
- Tauschen Sie sich anschließend mit Ihrer Sitznachbarin oder Ihrem Sitznachbarn über Ihre Beobachtungen aus. Stellen Sie sich darauf ein, Ihre Beobachtungen ins Plenum einzubringen.
- Welche Beobachtungen haben Sie bezüglich der Kapitelüberschriften gemacht? Wo ergeben sich Auffälligkeiten?

- Wie lassen sich Ihre Beobachtungen strukturieren?
- Wie wirken die Überschriften auf Sie?

Impulse für den Abschluss des Unterrichtsgesprächs:
- Wie schauen Sie nun auf die Kapitelüberschriften?
- Welche Bilder laden Sie zur Deutung ein und warum?

TAFELBILD 4a

Gestaltung der Kapitelüberschriften

- häufige Struktur: bestimmter Artikel plus Nomen, manchmal plus Attribut (*»Der vorletzte Tag«, 69,1*)
- seltene Struktur: kurzer, vollständiger Satz (ohne Satzschlusszeichen) (*»Er beißt nicht an«, 99,1*)
- häufig Nomen der Personenbezeichnung (*»Der Tormann«, 26,1*)
- einige klare Bezüge zum Inhalt, besonders bei Verbrechen und Prozess (*»Mordprozess Z oder N«, 80,1*)
- häufig bildhafte Sprache (*»Der Mann im Mond«, 65,28*)
- Nomen aus der römischen Geschichte/Mythologie (*»Venus«, 33,19; »Plebejer«, 12,15*)
- negativ besetzte Begriffe (*»Pest«, 19,1; »Krieg«, 29,22; »Unkraut«, 36,1; »Dreck«, 51,1*)
- biblische Begriffe (*»Adam und Eva«, 56,13; »Vertrieben aus dem Paradies«, 94,1*)
- Begriffe bezogen auf Fisch(-fang) (*»Das Zeitalter der Fische«, 21,17; »Der Fisch«, 97,4; »Er beißt nicht an«, 99,1; »Der Köder«, 121,28; »Im Netz«, 124,13*)

➤ Kurze, schlichte Gestaltung im Aufbau
➤ Große Varietät in der Wortwahl: von Alltags- bis zu Bildungssprache

} nüchterne Gestaltung

VORLAGE 4a

Arbeitsauftrag

Viele Romanautorinnen und -autoren verwenden gar keine Kapitelüberschriften, Horváth aber schon. Überlegen Sie auf der Grundlage des Erarbeiteten, welche Funktion die Kapitelüberschriften einnehmen könnten. Lesen Sie nun ein Kapitel Ihrer Wahl und achten auf die Beziehung zwischen Überschrift und Inhalt. Leiten Sie daraus die Funktion ab. Ihre Lesezeit beträgt zehn Minuten. Wir sammeln im Anschluss Ihre Ideen. *Sollten Sie vor Ablauf der Zeit fertig sein, so beginnen Sie mit einem weiteren Kapitel.*

Hinweis: Das Kapitel »Das Brot« sollte nicht gewählt werden, weil Sie es schon analysiert haben. Sie können aber die Ergebnisse der Analyse mit in das Plenum einbringen.

Erläuterungen. Liest man die Kapitelüberschriften, so fällt die eher nüchterne Gestaltung auf. Aber hinter dieser schlichten Fassade verbirgt sich ein deutliches Kompositionsmerkmal. Die Überschriften können nämlich sehr unterschiedliche Funktionen einnehmen. Diese Funktionen erschließen sich aus dem Zusammenspiel von äußerer Gestaltung und innerer Verbindung mit dem Kapitelinhalt und sind daher auch unterschiedlich deutungsbedürftig. Eine Überschrift wie »Der vorletzte Tag« (69,1) zeigt auf den chronologischen Fortgang der Handlung im Zeltlager; dagegen ist eine Überschrift wie beispielsweise »Der Dreck« (51,1) zunächst nicht klar in ihrer Bedeutung. Erst nach der Lektüre des Kapitels, in dem der Begriff mehrmals aufgegriffen wird, erschließt sich, dass es um die Gedanken des Lehrers während der Nachtwache geht und hier der alltagssprachliche Begriff im metaphorischen Sinn zu verstehen ist.

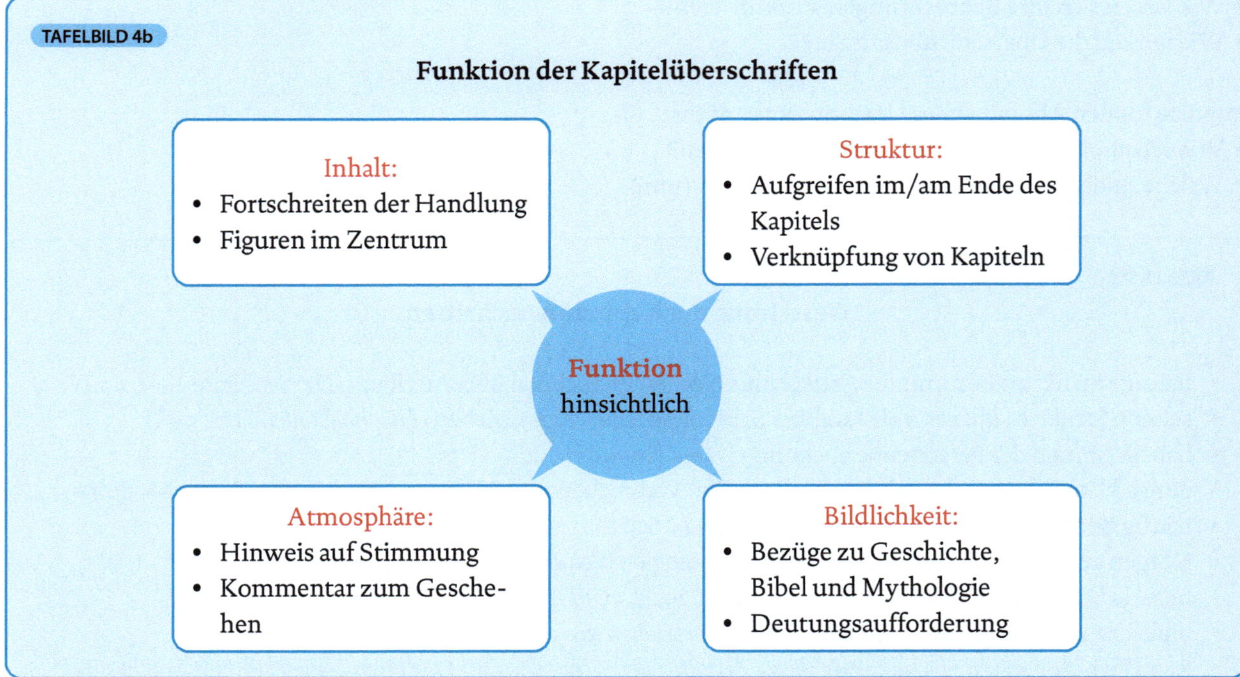

4.2 Fisch als zentrales Motiv des Romans

UG

TAFELBILD 4c
➤ S. 40
ARBEITSBLATT 4a
➤ S. 43
Lösungshinweise
➤ S. 103
VORLAGE 4b
➤ S. 41
VORLAGE 4c
➤ S. 41

Unterrichtsschritt. Nach der Sichtung der Überschriften erfolgt eine Fokussierung auf zentrale Motive. Der Fisch bietet sich für eine erste Betrachtung an, da er bereits in den Überschriften am häufigsten auftritt. Als Lernschritt am Beispiel werden zunächst im Plenum die Assoziationen und Bedeutungen geklärt

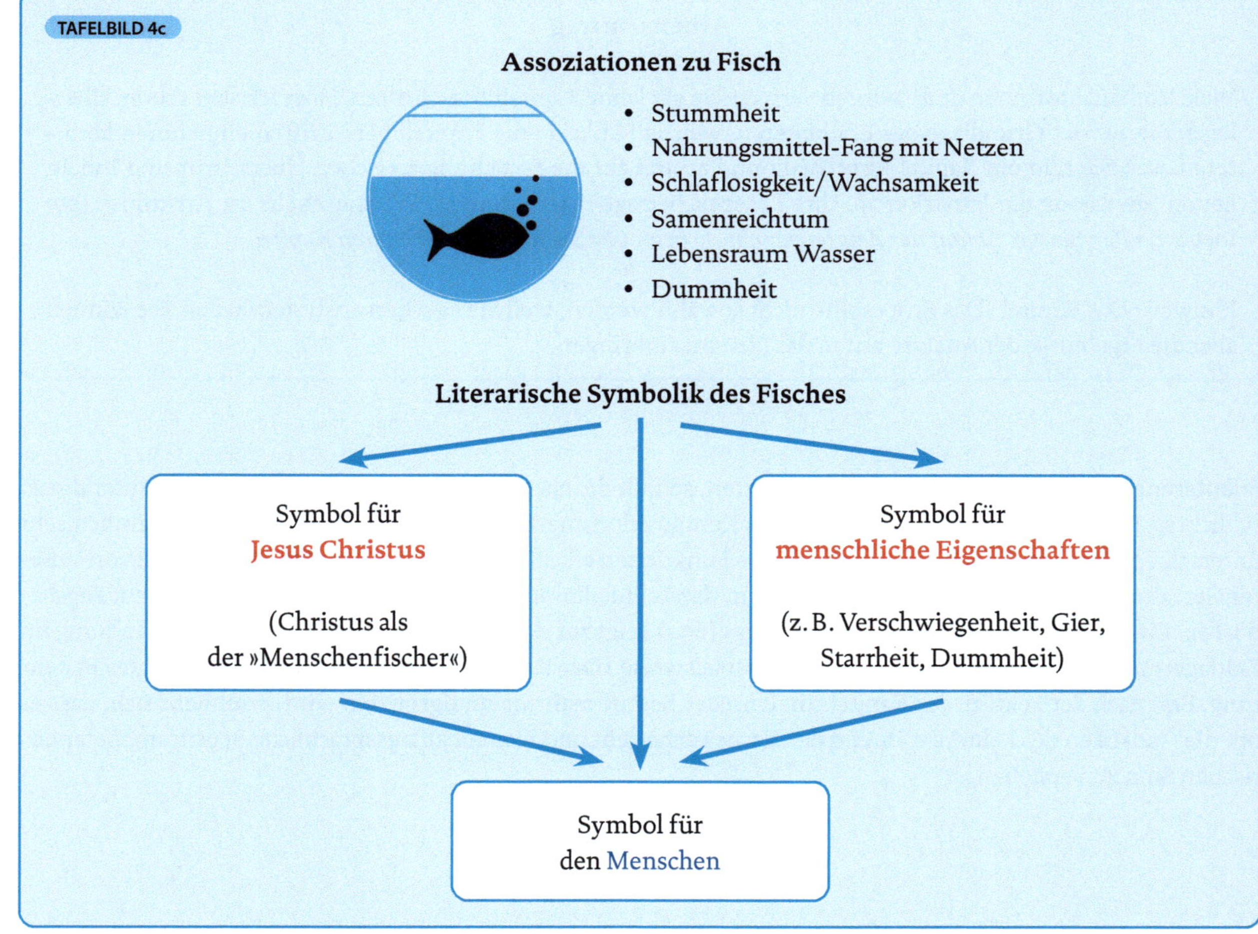

VORLAGE 4b

Der Fisch als christliches Symbol

Der Fisch galt im frühen Christentum als Geheimcode für die Christen. Das griechische Wort für Fisch ist aus den Anfangsbuchstaben der griechischen Wörter für »Jesus Christus Gottes Sohn und Erlöser« zusammengesetzt (Akronym). Der Fisch steht also für Jesus Christus.

Genauere Informationen unter https://kinder.wdr.de/tv/wissen-macht-ah/bibliothek/kuriosah/bibliothek-fischaufkleber100.html (Stand: 8.6.2020).

VORLAGE 4c

Abzugrenzende literarische Grundbegriffe

Metapher	Motiv	Symbol
Form der Uneigentlichkeit, die konventionelle Ausdruck-Inhalt-Zuordnung wird aufgehoben und durch neue Bedeutungskonstituierung ersetzt, ein Wort, eine Wortgruppe wird in einen neuen Bedeutungszusammenhang übertragen ohne einen direkten Vergleich, bildhafte Übertragung **Beispiele:** »Haupt der Familie«, »Autoschlange«	Kleinste bedeutungsvolle Einheit oder selbständiges tradierbares intertextuelles Element. Als Leitmotiv hat es textstrukturierende Funktion. **Beispiele:** *Typ-Motiv:* femme fatale *Situationsmotiv*: Bruderkampf *Raummotiv:* Höhle *Zeitmotiv:* Mitternacht	Mehrdeutiges literarisches Zeichen, interpretationsbedürftig. Eine konkrete, sinnliche Anschauung, in der Allgemeines, ein geistiger Vorgang wahrgenommen wird, Sinnbild. Literarische Texte sind oft um ein Zentralsymbol herum strukturiert. **Beispiel:** Ring in *Nathan der Weise*

(TAFELBILD 4c , auf der Grundlage des Artikels »Fisch« im *Metzler Lexikon literarischer Symbole*, hrsg. von Günter Butzer und Joachim Jacob, Stuttgart/Weimar 2008, S. 104) und mit dem entsprechenden Fachvokabular verbunden. Anhand von ARBEITSBLATT 4a ***»Der Fisch« (97,17–32)*** wird nach einer individuellen Denk- und Arbeitsphase im Unterrichtsgespräch die Motivanalyse anhand eines Textauszugs vorgestellt. Je nach Vorwissen des Kurses führt die Lehrkraft das Fachwissen ein: die symbolische Bedeutung der Fische (VORLAGE 4b ***Der Fisch als christliches Symbol***) sowie die Unterscheidung von Metapher, Symbol und Motiv (VORLAGE 4c ***Abzugrenzende literarische Grundbegriffe***).

Impuls für das Unterrichtsgespräch:

- Mehrere Überschriften beinhalten den Begriff Fisch beziehungsweise Begriffe, die mit Fisch(-fang) verbunden sind. Welche Assoziationen verbinden Sie mit Fisch?

PA / UG

4.3 Auge als weiteres wichtiges Motiv (fakultativ)

ARBEITSBLATT 4b
➤ S. 44
TAFELBILD 4d
➤ S. 42

Unterrichtsschritt. Nun üben die Schülerinnen und Schüler selbständig die Erschließung eines weiteren zentralen Motivs, das der Augen. Diese Übung kann fakultativ angelegt werden. Im Plenum sollten die Ergebnisse besprochen und an der Tafel schriftlich festgehalten werden.

Impuls als Überleitung:

- T wird als »Fisch« (29,19–21) dargestellt mit »helle[n] runde[n] Augen« »[o]hne Schimmer, ohne Glanz«. Im Folgenden beschäftigen Sie sich mit dem Augenmotiv – in ähnlicher Art und Weise, wie wir das Fischmotiv untersucht haben. Bearbeiten Sie dazu die Aufgaben auf dem ARBEITSBLATT 4b *Das Augenmotiv*.

TAFELBILD 4d

Spiegel der Seele: der wahre innere Kern des Menschen wird sichtbar (z. B. Augen des T und seiner Mutter, Augen von Eva)	Ausdruck von Gefühlen (z. B. Hass der armen Kinder)
Wahrnehmung und Erkenntis (z. B. Verständigung über Blicke Lehrer und B aus Buchklub)	Ausdruck des veränderten Gottesbildes von einem bösen zu einem gütigen Gott (z. B. »anderen Augen«, S. 135 – die der Wahrheit)

Funktion des Augenmotivs: *Vorantreiben der Handlung auf verschiedenen Ebenen*

Medientipp. Eine kreative Aufgabe im Zusammenhang mit Symbolen ist die Gestaltung von Memes. Ein Meme ist eine kleine Botschaft, die über das Internet verbreitet wird. Häufig handelt es sich um eine Kombination von Bild mit kurzem Text, die in ihrer Zusammenstellung ein Geschehen, eine Person oder eine Idee auf ironische, lustige oder zum Nachdenken anregende Art kommentiert. Im Internet finden sich verschiedene kostenlose Meme-Generatoren, z. B. Adobe Spark (spark.adobe.com, mit Registrierung). Die erstellten Memes können downgeloaded und abgespeichert werden. Ein Beispiel:

Idee: Regina Esser-Palm, Foto: Matthew T. Rader / Unsplash

Hausaufgabe

Analysieren Sie das Motiv der »marschierende[n] Venus« im gleichnamigen Kapitel (S. 33–35) und leiten Sie das propagierte Frauenbild ab.

ARBEITSBLATT 4a

»Der Fisch« (97,17–32)

Arbeitsauftrag:

Welche der genannten symbolischen Bedeutungen finden Sie im Roman wieder? Gehen Sie zur Klärung der Frage so vor:

1. Untersuchen Sie das Textbeispiel. Achten Sie besonders auf die Bedeutung des Fischs. – Informieren Sie sich dazu mit Hilfe der Vorlage zu den Begriffen Metapher, Symbol, Motiv.
2. Ziehen Sie ein Fazit hinsichtlich des »Zeitalter[s] der Fische«, das laut Julius Caesar angebrochen sei (gleichnamiges Kapitel, 25,7–13).

Auszug aus: »Der Fisch« (97,17–32)

(Situierung: Der Gerichtspräsident befragt Eva zu dem Jungen, den sie als Täter ins Spiel gebracht hat.)

»›Würdest Du ihn wiedererkennen?‹ lässt der Präsident nicht locker.

›Vielleicht. Ich erinner mich nur, er hatte helle, runde Augen. Wie ein Fisch.‹

Das Wort versetzt mir einen ungeheuren Hieb.

Ich springe auf und schreie: ›Ein Fisch?!‹

›Was ist Ihnen?‹ fragt der Präsident und wundert sich.

Alles staunt.

Ja, was ist mir denn nur?

Ich denke an einen illuminierten Totenkopf.

Es kommen kalte Zeiten, höre ich Julius Caesar, das Zeitalter der Fische. Da wird die Seele des Menschen unbeweglich, wie das Antlitz eines Fisches.

Zwei helle, runde Augen sehen mich an. Ohne Schimmer, ohne Glanz.

Es ist der T.«

Bezogen auf den Roman: Zeitalter der Fische

Metapher:

....

Symbol:

....

Motiv:

....

ARBEITSBLATT 4b (Seite 1 von 2)

Das Augenmotiv

Arbeitsaufträge:

Arbeiten Sie zu zweit. Die Gesamt-Arbeitszeit beträgt 30 Minuten.

Schritt 1:

- Welche Assoziationen verbinden Sie mit den Augen? Notieren Sie Stichpunkte.

Schritt 2:

- Ordnen Sie die Textzitate aus Ihrer Erinnerung heraus den Figuren zu. Sollten Sie eine oder mehrere Figuren nicht zuordnen können, so schlagen Sie die angegebene Textstelle nach.
- Untersuchen Sie die Zitate und notieren, welche Bedeutung diese bezüglich der Figuren haben könnten. Orientieren Sie sich dabei an dem vorgegebenen Beispiel.

Schritt 3:

- Ziehen Sie ein Fazit bezüglich Ihrer Untersuchungen und überlegen, welche Bedeutung das Augenmotiv im Roman einnehmen könnte. Beziehen Sie die Überschrift des vorletzten Kapitels »Die anderen Augen« (135,25) in Ihre Überlegungen ein.

Tempo-Aufgabe: *Sollten Sie schneller fertig sein, so suchen Sie im Roman nach weiteren Augen-Textstellen.*

Zitat	Figur	Bedeutung des Zitats
»Es war der T. Er lächelte leise, überlegen und spöttisch. Hat er meine Gedanken erraten? Er lächelte noch immer, seltsam starr. Zwei helle runde Augen schauen mich an. Ohne Schimmer, ohne Glanz. Ein Fisch?« (29,15–21) und: »Zwei helle, runde Augen sehen mich an. Ohne Schimmer, ohne Glanz. Es ist der T.« (97,30–32)	*T*	*Vorausdeutung auf Täterschaft des T* *Starrheit und Kälte durch die Augen-Beschreibung angedeutet* *Augen entlarven T als den Täter und zeigen seine Kaltherzigkeit an.*
»Die Kinder sehen mich groß an, seltsam starr. Nein, das sind keine Fische, das ist kein Hohn, das ist Hass. Und hinter dem Hass sitzt die Trauer in den finsteren Zimmern.« (40,32–35)		
»Ich begleite meine Kollegin zurück, die Mädchen starren mich an, wie Kühe auf der Weide.« (34,28–30)		

Zitat	Figur	Bedeutung des Zitats
»Er muss stechende, tückische Augen haben – kalt, sehr kalt. Nein, er ist nicht gut.« (86,20–22) und: »Das waren nicht ihre Augen – Still, wie die dunklen Seen in den Wäldern meiner Heimat. Und traurig, wie eine Kindheit ohne Licht. So schaut Gott zu uns herein, muss ich plötzlich denken. Einst dachte ich, er hätte tückische, stechende Augen – Nein, nein! Denn Gott ist die Wahrheit.« (137,28–36)		
»Nur zwei Augen verabscheuen mich nicht. Sie ruhen auf mir. Still, wie die dunklen Seen in den Wäldern meiner Heimat.« (93,32–35) und: »›Aber Herr Lehrer, sie hat doch keine solchen Augen! Sie hat ja kleine, verschmitzte, unruhige, immer schaut sie hin und her, richtige Diebsaugen!‹« (131,31–33)	*Eva*	
»Unsere Blicke treffen sich. Verstehen wir uns? ›Ich verrate Dich nicht‹, sage ich. ›Das weiß ich‹, sagt er.« (107,6–8)		
»Jetzt sieht sie mich an, fast höhnisch. Zwei helle, runde Augen – […] Sagte er nicht, sie hätten die gleichen Augen?« (135,9–14)		
Ggf. weitere Textstellen:		

Fazit bezüglich des Augenmotivs:

5 Von Raubtieren und Stimmen im Radio: Zeitkritische Bezüge erarbeiten

Sachanalyse

In der Rezeption des Romans *Jugend ohne Gott* bildete sich sehr schnell eine Lesart heraus, die den Roman als Kritik am neuen Zeitgeist und am Faschismus verstand. Dabei liegt das Verdienst des Romans weniger darin, den faschistischen Staat als diktatorisches, polizeistaatliches und judenverfolgendes Regime, sondern vielmehr die Auswirkungen der Indoktrinierung auf das Individuum und im besonderen Maße auch auf die Jugend zu zeigen: Horváth selbst kommentiert am 26. Oktober 1937 diese Lesart mit folgenden Worten: »Es ist mir dabei noch etwas aufgefallen, nämlich, daß ich ohne Absicht, auch zum erstenmal den sozusagen faschistischen Menschen (in der Person des Lehrers) geschildert habe, an den [sic] die Zweifel nagen – – oder besser gesagt: den Menschen im faschistischen Staate.«[1]

Im Zuge der Gleichschaltung von Staat und Gesellschaft wurde bereits bei der Erziehung der Kinder angesetzt, damit sie zu treuen Volksgenossinnen und -genossen heranwüchsen. So sollten sie die rassistische Bewertung des deutschen Volkes als »Herrenmenschen« und die damit einhergehende Abwertung anderer Ethnien lernen. Im Roman wird dies an der Verachtung der Afrikaner deutlich und der damit einhergehenden Legitimierung, sich deren Lebensraum, die Kolonien, zu eigen zu machen und die Einwohner zu unterdrücken.

Die Kinder sollten auch lernen, dass das Individuum unwichtig sei und nur die Gruppe, das Volk, der Staat zählen würden. Daher wird das Tagebuchschreiben von Z als »Überschätzung des eigenen Ichs« (55,15) von N als verachtenswert charakterisiert.

Um dem Staat wirkungsvoll zu dienen, steht auch die körperliche Ertüchtigung der Jugend im Zentrum faschistischer Erziehung. Die Jugend soll letztendlich für den Kriegseinsatz, zur Eroberung von Lebensraum, vorbereitet werden. Deshalb durchläuft die Klasse das Zeltlager, in dem die Jungen marschieren, exerzieren und schießen lernen. Es wird als Spiel verkauft, wie auch das »Verschollenen-Flieger-Suchen«-Spiel (35,17), bedeutet aber in Wirklichkeit eine paramilitärische Ausbildung der 14-jährigen Jungen. In Hitlers Aussagen zu seiner »Pädagogik« kann man diese Absichten nachlesen.

Die Schule ist die Vermittlungsinstanz für die Ausbildung der Kinder. In der Gesellschaft nehmen diese Rolle die Medien ein: mit Flugblättern, Zeitungen, der »Wochenschau« (20,33) und dem Radio. Gerade letzteres wird im Roman mehrfach genannt. Die Stimmen aus dem Radio geben die herrschende Ideologie vor. Das führt dazu, dass der Lehrer sich einerseits gestört fühlt (z. B. beim Essen im Restaurant, vgl. 9,29), andererseits aber auch Unsicherheit verspürt, ob er gewisse Äußerungen, die er selbst ablehnt, in der (Schul-)Öffentlichkeit akzeptieren muss, um sich nicht selbst verdächtig zu machen und seine Beamtenstelle zu verlieren (vgl. 55,16–18). Damit haben die Radiostimmen ihre Wirkung beim Lehrer erzielt: Es findet eine Zensur im Kopf statt. Parolen und Phrasen geben die Haltung vor. Unsicherheit und Angst breiten sich aus. Der Mensch wagt nicht mehr, seine eigene, eventuell abweichende Meinung zu artikulieren. Er fühlt sich zunehmend isoliert und verunsichert.

Die allgegenwärtige Indoktrinierung wird nur von wenigen Figuren im Roman kritisch hinterfragt. Ein Großteil hat sie internalisiert, wiederholt sie fast zitatartig und hat die Haltung von Antihumanismus und Antiintellektualismus kritiklos übernommen. Ein Beispiel ist der Bäckermeister N, der nicht nur den Lehrer wegen seiner »Humanitätsduselei« (14,29) beim Schuldirektor anzeigt, sondern seinen Sohn auch noch dazu auffordert, den Lehrer auszuspionieren und alles zu protokollieren, was dieser Regimekritisches sagt – also eine Ermutigung zur Denunziation betreibt.

Indem Horváth diese Auswirkungen des faschistischen Staats auf das Individuum erzählt, legt er das inhumane System offen und kritisiert somit schon zu einem recht frühen Zeitpunkt – geschrieben wurde der Roman 1936/37 – die nationalsozialistischen Entwicklungen in Deutschland.

1 Ödon von Horváth, *Jugend ohne Gott*, mit einem Komm. von Elisabeth Tworek, Frankfurt a. M. 2001, S. 158.

Unterrichtsverlauf

Überblick. Zunächst werden den Schülerinnen und Schülern zwei Plakate präsentiert, die für den Eintritt in die Hitler-Jugend werben. Aus der Beschreibung können Aussage und Wirkungsabsicht abgeleitet werden. Im nächsten Schritt verknüpfen die Schülerinnen und Schüler diese Erkenntnisse mit denen aus der Hausaufgabe zur Deutung des Motivs der marschierenden Venus. Anschließend erwerben sie Wissen bezüglich der Erziehungsdoktrin der Nationalsozialisten, indem sie einen Text von Adolf Hitler bezüglich seiner ›Pädagogik‹ bearbeiten. Damit der Begriff »Erziehung« in seiner Bedeutung klar umrissen ist und um auch Unterschiede zu heutigen Erziehungsvorstellungen wahrnehmen zu können, wird zuvor eine Definition von Klaus Hurrelmann gelesen. Ein Rückbezug zum Roman rundet diesen Unterrichtsschritt ab.

Zur Vertiefung kann fakultativ noch eine szenische Lesung des Gesprächs Bäckermeister N – Lehrer durchgeführt werden. Diese weitet den Blick auf die Erwachsenen beziehungsweise Eltern, die hier stellvertretend für eine Gesellschaft stehen, die die Ideologie der Nazis kritiklos übernommen hat. ! **Verkürzter Verlauf: 5.1 – 5.2**

Phase	Thema	Sozialform	Kompetenzen und Lernziele	Materialien
5.1	Hinführung zum faschistischen Jugendbild	UG	• Bezüge zwischen Bild, Hausaufgabe und Roman herstellen	VORLAGE 5a ➤ S. 48 TAFELBILD 5a ➤ S. 49
5.2	Erziehung der Jugend im Faschismus	LV / UG / EA	• Einem Sachtext Informationen zur Erziehung in der NS-Zeit entnehmen und diese auf den Roman beziehen	VORLAGE 5b ➤ S. 50 ARBEITSBLATT 5a ➤ S. 53 TAFELBILD 5b ➤ S. 51
5.3 **fakultativ**	Die Stimmen aus dem Radio – eine szenische Lesung durchführen	GA / UG	• Faschistische Ideologie in der Sprachgestaltung erkennen und deuten	VORLAGE 5c ➤ S. 52 TAFELBILD 5c ➤ S. 52 ARBEITSBLATT 5b ➤ S. 54

5.1 Hinführung zum faschistischen Jugendbild

Unterrichtsschritt. Zunächst betrachten die Schülerinnen und Schüler die VORLAGE 5a ***Werbeplakate für die Hitler-Jugend*** (ersteres auch in der Ausgabe XL, S. 155) , beschreiben und kommentieren diese dahingehend, welches Bild eines jungen Menschen im Faschismus generiert wird. Die Ergebnisse werden im TAFELBILD 5a festgehalten. Anschließend erfolgt eine Vertiefung, indem die Ergebnisse der Hausaufgabe, der Untersuchung des Motivs der »marschierende[n] Venus« (33,19), darauf bezogen werden.

UG

VORLAGE 5a ➤ S. 48

TAFELBILD 5a ➤ S. 49

Mögliche Impulse für das Unterrichtsgespräch:

- Betrachten Sie die Werbeplakate für die Hitler-Jugend. Was lösen sie in Ihnen aus?
- Beschreiben Sie nun die Plakate – achten Sie auf Text- und Bildkomposition.
- Was wollten die Plakate wohl zu ihrer Veröffentlichungszeit (um 1939) aussagen und bewirken?
- Finden Sie die durch die Plakataussagen transportierten Vorstellungen und Ansichten im Roman *Jugend ohne Gott* wieder und wenn ja, welche?

Impuls für die Überleitung:

- Sie haben sich als Hausaufgabe mit dem Motiv der »marschierende[n] Venus« (33,19) auseinandergesetzt. Welche Erkenntnisse haben Sie gewonnen? Inwieweit finden Sie diese im Plakat wieder?

VORLAGE 5a

Werbeplakate für die Hitler-Jugend

Plakate des Presse- und Propagandaamts der Reichsjugendführung, um 1939. Entwürfe: Hein Neuner. Inv.-Nr.: P 63/809 bzw. 1990/534. – © Deutsches Historisches Museum / A. Psille (l.) und S. Ahlers (r.).

Erläuterungen zum Venus-Motiv. Venus ist in der römischen Mythologie die Göttin der Liebe, des erotischen Verlangens und der Schönheit. Sie steht also für die schöne und verführerische Frau. Die Mädchen aus dem Schloss sind das genaue Gegenteil: Sie sind »[v]erschwitzt, verschmutzt und ungepflegt [und] bieten [...] dem Betrachter keinen erfreulichen Anblick« (34,33 f.). Die Lehrerin erklärt, dass es nicht um gutes Aussehen gehe, sondern um Leistung. Sie seien Amazonen, also der griechischen Mythologie folgend mutige Kriegerinnen. Sie führten gerade ein »neues wehrsportliches Spiel für die weibliche Jugend« (35,17 f.) durch. Es werden also nicht nur die Jungen im Zeltlager auf einen Krieg vorbereitet, sondern auch die Mädchen. Allerdings lernen diese nicht schießen und kämpfen, sondern kriegsunterstützende Maßnahmen. Für die jungen Frauen sollen nicht Aussehen und Verführungskunst wie bei Venus im Vordergrund stehen, sondern der körperliche Einsatz für das Vaterland. Der Lehrer kommentiert dies in Gedanken: Sie seien eher Tiere, keine Menschen mehr, »missleitete Töchter der Eva« (35,10). Sie haben ihren Reiz verloren, starren wie Kühe auf der Weide. Er muss nun insgeheim den Aussagen seines ehemaligen Kollegen Julius Caesar recht geben, der von der »rucksacktragende[n] Venus« (24,16) gesprochen hatte und damit den neuen Typus der reizlosen Frauen verspottet hatte, die zwar körperlich fit, aber keine wahrhaften Frauen mehr seien.

Das Venus-Motiv dient in seiner Ironisierung dazu, das neue Frauenbild darzustellen und zu kritisieren. Das Gespräch zwischen zwei Mädchen, das der Lehrer heimlich belauscht (vgl. S. 38 f.) zeigt auf, dass auch die Mädchen und sogar die Lehrerin selbst diese aufgezwungenen Übungen entsetzlich finden und den Männern die Schuld daran geben: »Mama sagt immer, die Männer sind verrückt geworden und machen die Gesetze.« (39,11 f.)

TAFELBILD 5a

	Plakat Junge	Plakat Mädchen
Hintergrund	• Gesicht Adolf Hitlers nach rechts schauend, ernster und wacher Gesichtsausdruck	• Eine große Ansammlung von Frauen in HJ-Uniform
Vordergrund	• Kopf und halber Oberkörper eines Jungen; aufrechte Kopfhaltung, Körperspannung, Blick nach rechts, ernste Gesichtszüge • Blonde Haare, klare Gesichtszüge, HJ-Uniform	• Kopf und halber Oberkörper eines Mädchens, der Blick leicht nach oben rechts gerichtet, glücklich lächelnd, kindliche Gesichtszüge • Lange blonde Haare zu Affenschaukeln geflochten, am Vorderkopf rechts gescheitelt, mit Haarspangen ordentlich festgesteckt bis auf wenige lose Strähnen • Mund leicht geöffnet, strahlend weiße Zähne • Strahlend weiße Bluse, HJ-Uniform
Text	• Oben in großer schwarzer Schrift »Jugend dient dem Führer«, unten in heller kleinerer Schrift und in Versalien »Alle Zehnjährigen in die HJ.«	• Oben in großer roter Schrift »Jugend dient dem Führer«, unten in hellroter kleinerer Schrift und in Versalien »Alle Zehnjährigen in die HJ.«
Text-Bild-Komposition	• Führer und Junge blicken in dieselbe Richtung ➤ wie für ein gemeinsames Ziel • Führer dem Jungen übergeordnet ➤ passend zum Text des Dienens	• Mädchen als Teil der Frauenansammlung ➤ Teil der Hitlerjugend – alle sollen Teil der HJ sein • Glückliches Gesicht des Mädchens ➤ es macht Freude, dem Führer zu dienen

Plakataussage:
Wohlgeformte, gesunde, glückliche deutsche Kinder dienen mit Freude und aus Überzeugung dem Führer und wollen Teil der faschistischen Gesellschaft sein.

5.2 Erziehung der Jugend im Faschismus

Unterrichtsschritt. Nach einem kurzen Lehrervortrag zur Entstehungszeit des Romans wird der Blick auf die Erziehung der Jugend im Faschismus gerichtet. Um den Begriff »Erziehung« zu klären, wird nach dem Abrufen von Vorwissen eine Definition von Erziehung präsentiert (VORLAGE 5b *Definition von »Erziehung«*) und inhaltlich geklärt. Die wichtigsten Aspekte werden unterstrichen. Anschließend trägt die Lehrkraft den Auszug vor, in dem Hitler seine Vorstellungen von Erziehung darlegt (ARBEITSBLATT 5a *Adolf Hitler über die Erziehung der Jugend*, auch in der Ausgabe Reclam XL, S. 154–156). Nach der Besprechung der Höreindrücke lesen die Schülerinnen und Schüler den Text noch einmal selbst und halten in Stichworten die wichtigsten Informationen fest. Nach dem Abgleich im Plenum werden diese Gedanken mit der Definition verglichen und schließlich auf den Romantext bezogen. Die Ergebnisse werden im TAFELBILD 5b festgehalten.

LV / UG / EA

VORLAGE 5b
➤ S. 50
ARBEITSBLATT 5a
➤ S. 53
TAFELBILD 5b
➤ S. 51

Vorschlag für den Unterrichtsschritt einleitenden Lehrervortrag: »Horváth verfasste den Roman 1936/37, also zur Anfangszeit des Nazi-Regimes. Der Roman durfte in Deutschland wegen ›pazifistischer Tendenzen‹ nicht gedruckt werden. Ohne Hitler oder Nazis beim Namen zu nennen, wird der Roman doch als hellsichtige Beschreibung einer faschistischen Diktatur und deren Auswirkungen auf den einzelnen Menschen, insbesondere hinsichtlich der ideologischen Erziehung der Jugend angesehen. Die Erziehung im Faschismus bildet das Thema dieses Unterrichtsschritts.

Wir klären nun zunächst den Begriff ›Erziehung‹, beschäftigen uns dann mit Hitlers Vorstellung von Erziehung und nach einem Vergleich der beiden Erziehungsbegriffe beziehen wir die neuen Erkenntnisse auf den Roman.«

Einstiegsimpulse für das Unterrichtsgespräch:
- Welche Vorstellung besitzen Sie von Erziehung? Ist sie notwendig oder überflüssig?
- Lesen Sie die Definition von Klaus Hurrelmann (VORLAGE 5b) und erklären Sie anschließend seine Vorstellung von Erziehung.

Transferimpuls:
- Inwieweit finden Sie die Erziehungsvorstellungen Hitlers im Roman repräsentiert und mit welcher Intention? Benennen und erläutern Sie Beispiele. Besprechen Sie sich zunächst mit Ihrer Sitznachbarin, Ihrem Sitznachbarn und bringen Sie dann Ihre Beispiele ins Plenum ein.

VORLAGE 5b

Definition von »Erziehung«

»Erziehung ist die soziale Interaktion zwischen Menschen, bei der ein Erwachsener planvoll und zielgerichtet versucht, bei einem Kind unter Berücksichtigung der Bedürfnisse und der persönlichen Eigenart des Kindes erwünschtes Verhalten zu entfalten oder zu stärken. Erziehung ist ein Bestandteil des umfassenden Sozialisationsprozesses; der Bestandteil nämlich, bei dem von Erwachsenen versucht wird, bewusst in den Prozess der Persönlichkeitsentwicklung von Kindern einzugreifen – mit dem Ziel, sie zu selbstständigen, leistungsfähigen und verantwortungsvollen Menschen zu bilden.«

Klaus Hurrelmann: Mut zur demokratischen Erziehung. In: Pädagogik 46 (1994) H. 7–8. S. 13.

Unterstreichung der zentralen Aussagen:

»Erziehung ist die <u>soziale Interaktion zwischen Menschen</u>, bei der ein Erwachsener <u>planvoll und zielgerichtet versucht</u>, bei einem Kind unter Berücksichtigung der <u>Bedürfnisse und der persönlichen Eigenart</u> des Kindes <u>erwünschtes Verhalten zu entfalten oder zu stärken</u>. Erziehung ist ein Bestandteil des umfassenden Sozialisationsprozesses; der Bestandteil nämlich, bei dem von Erwachsenen versucht wird, bewusst in den <u>Prozess der Persönlichkeitsentwicklung von Kindern</u> einzugreifen – mit dem Ziel, sie zu <u>selbstständigen, leistungsfähigen und verantwortungsvollen Menschen zu bilden.«</u>

Erläuterungen. Der Roman zeigt in erschreckender Weise auf, welche Auswirkungen die faschistische Indoktrinierung auf die Jugend hat. Die Jungen (und auch Mädchen) werden in einer vormilitärischen Ausbildung im Zeltlager auf Gewalt und Krieg vorbereitet. Besonders in der Figur des T werden fehlende Mitmenschlichkeit und Grausamkeit deutlich. Dabei ist die Unterordnung in die Gruppe entscheidend, das Tagebuchschreiben von Z wird von N als menschliche Schwäche und Überbewertung des Individuums ausgelegt. Selbständiges Denken wird verachtet, die Jugendlichen wiederholen in ihren Aufsätzen die offizielle Doktrin, ohne sie zu hinterfragen. Humanität (›Neger seien auch Menschen‹) wird als Schwäche und Verrat an der Gesellschaft ausgelegt. Insofern wird im Roman eine sozialkritische Sicht auf den faschistischen Staat zum Ausdruck gebracht. Dieser Unterrichtsschritt führt in den historischen Hintergrund ein. Die Schülerinnen und Schüler erkennen, dass die Darstellung im Roman den Erziehungszielen Hitlers entspricht.

TAFELBILD 5b

Moderne Erziehung	Faschistische Erziehung
• soziale Interaktion • Berücksichtigung der Bedürfnisse und individuellen Eigenarten des Kindes • erwünschtes Verhalten fördern • Persönlichkeitsentwicklung des Kindes • Ziel: selbständiger, leistungsfähiger, verantwortungsvoller Mensch	• Ziel: eine grausame, gewalttätige, herrische, unerschrockene Jugend, nichts Schwaches oder Zärtliches, aggressiv, stark und schön • als Erstes: athletische Jugend • keine intellektuelle Erziehung, Wissen verdirbt Jugend • Stufe »heroische Jugend«: Beherrschung der Todesfurcht • nächste Stufe: gottähnliche Menschen; Mensch als Maß und Mitte der Welt
Erziehung zum Wohle des Kindes unter Berücksichtigung seiner Individualität, um ein selbstbestimmtes Mitglied der Gesellschaft zu werden	Erziehung zum Raubtier-/Herrenmenschen, kampfbereit für die Staatsräson, unter Ausmerzung alles Sensiblen

5.3 Die Stimmen aus dem Radio – eine szenische Lesung durchführen (fakultativ)

Unterrichtsschritt. Zunächst präsentiert die Lehrkraft drei Zitate aus dem Roman zu den Stimmen aus dem Radio/Lautsprecher – also der Vermittlungsinstanz, die unter anderem für die Indoktrinierung der Gesellschaft verantwortlich ist (VORLAGE 5c *Die Stimmen*). Anhand der Zitate können die Schülerinnen und Schüler erkennen, welche Auswirkung diese Stimmen auf den Lehrer haben. Die Ergebnisse werden im TAFELBILD 5c festgehalten. Anschließend lesen die Schülerinnen und Schüler in Gruppen szenisch das Gespräch zwischen dem Bäckermeister N und dem Lehrer (ARBEITSBLATT 5b *Szenische Lesung*). Hier prallen ein systemkonformer und systemkritischer Vertreter aufeinander; in der szenischen Lesung entfaltet sich dieser Unterschied auf manifeste Weise.

GA / UG

VORLAGE 5c ➤ S. 52

TAFELBILD 5c ➤ S. 52

ARBEITSBLATT 5b ➤ S. 54

Überleitung von Unterrichtsschritt 5.2:
- Der Roman zeigt nicht nur die indoktrinierende Erziehung der Jugendlichen auf; an einigen Stellen wird auch die Indoktrinierung der Gesellschaft deutlich. Ein Beispiel sind die ›Stimmen aus dem Radio/Lautsprecher‹.

Leitimpulse für das Unterrichtsgespräch:
- Was verkünden die Stimmen aus dem Radio?
- Wofür stehen die Stimmen?
- Welche Auswirkungen haben die Stimmen auf den Hörer, hier am Beispiel des Lehrers?

Überleitung zur szenischen Lesung:
- Inwieweit die Stimmen aus dem Radio erfolgreich sind, kann man an der Figur des Bäckermeisters aufzeigen, der stellvertretend für die Elterngeneration steht. Bitte führen Sie nun eine szenische Lesung durch.

Erläuterungen. Der Bäckermeister N bedient sich der NS-typischen Phrasen und Parolen, die die Stimmen aus dem Radio verkünden. Sein Sprachduktus ist aufschlussreich. Einerseits bedient er sich einer gediegenen Sprache, die ihn als Vertreter einer bürgerlichen Schicht ausweist (»mein Hiersein hat den Grund in einer überaus ernsten Angelegenheit«, 13,35 f.), andererseits zeigt sich an den sprachlichen Äußerungen, dass er ein regimekonformer, inhumaner und ungeistiger Mensch ist, der die offizielle Ideologie verinnerlicht hat und rigoros umsetzt. So bewertet er die Aussage des Lehrers, dass auch »Neger [...] Menschen« (14,10 f.) seien, als »Sabotage am Vater-

VORLAGE 5c

Die Stimmen

»›Das Tagebuchschreiben ist der typische Ausdruck der typischen Überschätzung des eigenen Ichs‹, sagt er. ›Kann schon stimmen‹, antworte ich vorsichtig, denn ich kann mich momentan nicht erinnern, ob das Radio diesen Blödsinn nicht schon einmal verkündet hat.« (55,14–18)

»›Alle Neger sind hinterlistig, feig und faul‹ – Zu dumm! Also das streich ich durch! [...] Aufgepasst, habe ich denn diesen Satz über die Neger in letzter Zeit nicht schon mal gehört? Wo denn nur? Richtig: er tönte aus dem Lautsprecher im Restaurant und verdarb mir fast den Appetit.« (9,22–30)

»›Recht ist, was der eigenen Sippschaft frommt‹, sagt das Radio. Was uns nicht gut tut, ist Unrecht. Also ist alles erlaubt, Mord, Raub, Brandstiftung, Meineid – ja, es ist nicht nur erlaubt, sondern es gibt überhaupt keine Untaten, wenn sie im Interesse der Sippschaft begangen werden! Was ist das?« (19,30–35)

TAFELBILD 5c

Die Stimmen

Stimmen = offizielle Propaganda des Staates: Geringschätzung des Individuums zugunsten der Masse; Verachtung anderer Ethnien; Legitimation von Gewalt für Staatsräson – Inhumanität, Brutalität

➤ Verunsicherung, Unmut, Hilflosigkeit des Lehrers
➤ Kritik am faschistischen System

land« (14,26) und kritisiert, mit welch »perfiden Schlichen das Gift [seiner] Humanitätsduselei unschuldige Kinderseelen zu unterhöhlen trachtet« (14,28–30). Selbst den Hinweis des Lehrers bezüglich der Bibel weist der Bäckermeister als falsch verstandene Religion zurück und droht dem Lehrer offen mit Konsequenzen. Der Bäckermeister ist es auch, der seinen Sohn anhält, den Lehrer zu bespitzeln und ihm verdächtige Äußerungen zu melden, und erzieht so sein Kind zum Denunzianten.

Mit dieser direkten Figurenrede des Bäckermeisters wird die Pervertierung humanen Denkens und der manipulative Missbrauch von Sprache und ihre unreflektierte Übernahme vorgeführt und zugleich deutlich kritisiert.

Szenisches Lesen in Anlehnung an: Ingo Scheller, *Szenische Interpretation. Theorie und Praxis eines handlungs- und erfahrungsbezogenen Literaturunterrichts in Sekundarstufe I und II*, Seelze [3]2010; darin das Kapitel »Szenisches Lesen«, S. 65f.

ARBEITSBLATT 5a

Adolf Hitler über die Erziehung der Jugend

»Meine Pädagogik ist hart. Das Schwache muss weggehämmert werden. In meinen Ordensburgen wird eine Jugend heranwachsen, vor der sich die Welt erschrecken wird. Eine gewalttätige, herrische, unerschrockene, grausame Jugend will ich. Jugend muss das alles sein. Schmerzen muss sie ertragen. Es darf nichts Schwaches und Zärtliches an ihr sein. Das freie, herrliche Raubtier muss erst wieder aus ihren Augen blitzen. Stark und schön will ich meine Jugend. Ich werde sie in allen Leibesübungen ausbilden lassen. Ich will eine athletische Jugend, das ist das Erste und Wichtigste. So merze ich die Tausende von Jahren der menschlichen Domestikation [Zähmung] aus. So habe ich das reine, edle Material der Natur vor mir. So kann ich das Neue erschaffen

Ich will keine intellektuelle Erziehung. Mit Wissen verderbe ich mir die Jugend. Am liebsten ließe ich sie nur das lernen, was sie ihrem Spieltriebe folgend sich freiwillig aneignen. Aber Beherrschung müssen sie lernen. Sie sollen mir in den schwierigsten Proben die Todesfurcht besiegen lernen. Das ist die Stufe der heroischen Jugend. Aus ihr wächst die Stufe des Freien, des Menschen, der Maß und Mitte der Welt ist, des schaffenden Menschen, des Gottmenschen. In meinen Ordensburgen wird der schöne, sich selbst gebietende Gottmensch als kultisches Bild stehen und die Jugend auf die kommende Stufe der männlichen Reife vorbereiten.«

Adolf Hitler: Über die Erziehung der Jugend. In: Hermann Rauschning: Gespräche mit Hitler. Nachdr. der ungekürzten Erstfassung 1940. Mit einer Einf. von Markus Pyka. Zürich [u. a.]: Europa Verlag, 2005. S. 237.

Besuch Hitlers auf der Ordensburg Vogelsang, April 1937. – Bundesarchiv, Bild 146-1985-108-27A / CC-BY-SA 3.0

1 f. Ordensburgen: In der NS-Zeit waren sogenannte Ordensburgen Schulungsstätten für die Ausbildung der Führungskräfte der NSDAP. Dazu gehören z. B. die Ordensburgen Vogelsang (s. o.) in der Eifel oder Sonthofen im Allgäu.

Arbeitsaufträge:

1. Welchen Eindruck vermittelt der Text beim Hören? Welche Begriffe sind haften geblieben?
2. Lesen Sie nun selbst den Text und überprüfen Sie Ihren Höreindruck. Unterstreichen Sie im Text die Begriffe, die Ihrer Meinung nach zentral für Hitlers Erziehungsgedanken sind.
3. Vergleichen Sie diese Begriffe anschließend mit Hurrelmanns Vorstellung von Erziehung.

Szenische Lesung

Arbeitsauftrag:
Führen Sie eine szenische Lesung des Gesprächs Bäckermeister N – Lehrer durch (Reclam XL, S. 13, Z. 30 – S. 15, Z. 8). Sie haben insgesamt 20 Minuten Zeit.

Gehen Sie so vor:

- Bilden Sie Vierergruppen und verteilen Sie folgende Rollen: Lehrer, Bäckermeister, Erzähler (die Textteile, die keine wörtliche Rede sind) und Beobachter.
- Jeder liest den Textausschnitt zunächst für sich und macht sich mit dem Inhalt vertraut. Die Vorlesenden überlegen dabei bereits die Sprechweise, also wie sie einzelne Sätze sprechen, betonen, mit Pausen versehen o. ä.
- Dann erfolgt die laute Lesung mit den verteilten Rollen; der Beobachter achtet darauf, welche Wirkung das Gespräch auf den Zuhörer entfaltet.
- Tauschen Sie sich nun über das Gehörte aus, der Beobachter beginnt.
- Halten Sie auf Grundlage der Lesung und des Austauschs fest, welche Sprache der Bäcker benutzt und wie dies auf den Lehrer wirkt.

* *Tempo-Aufgabe: Vergleichen Sie die Sprache des Bäckers mit den Stimmen aus dem Radio.*

Nun stand der Vater des N vor mir. Er hatte einen selbstsicheren Gang und sah mir aufrecht in die Augen. »Ich bin der Vater des Otto N.« »Freut mich, Sie kennenzulernen, Herr N«, antwortete ich, verbeugte mich, wie es sich gehört, bot ihm Platz an, doch er setzte sich nicht. »Herr Lehrer«, begann er, »mein Hiersein hat den Grund in einer überaus ernsten Angelegenheit, die wohl noch schwerwiegende Folgen haben dürfte. Mein Sohn Otto teilte mir gestern Nachmittag in heller Empörung mit, dass Sie, Herr Lehrer, eine schier unerhörte Bemerkung fallen gelassen hätten –«

»Ich?«

»Jawohl, Sie!«

»Wann?«

»Anlässlich der gestrigen Geographiestunde. Die Schüler schrieben einen Aufsatz über Kolonialprobleme und da sagten Sie zu meinem Otto: Auch die Neger sind Menschen. Sie wissen wohl, was ich meine?«

»Nein.«

Ich wusste es wirklich nicht. Er sah mich prüfend an. Gott, muss der dumm sein, dachte ich.

»Mein Hiersein«, begann er wieder langsam und betont, »hat seinen Grund in der Tatsache, dass ich seit frühester Jugend nach Gerechtigkeit strebe. Ich frage Sie also: ist jene ominöse Äußerung über die Neger Ihrerseits in dieser Form und in diesem Zusammenhange tatsächlich gefallen oder nicht?«

»Ja«, sagte ich und musste lächeln: »Ihr Hiersein wäre also nicht umsonst –«

»Bedauere bitte«, unterbrach er mich schroff, »ich bin zu Scherzen nicht aufgelegt! Sie sind sich wohl noch nicht im Klaren darüber, was eine derartige Äusserung über die Neger bedeutet?! Das ist Sabotage am Vaterland! Oh, mir machen Sie nichts vor! Ich weiß es nur zu gut, auf welch heimlichen Wegen und mit welch perfiden Schlichen das Gift Ihrer Humanitätsduselei unschuldige Kinderseelen zu unterhöhlen trachtet!«

Nun wurd's mir aber zu bunt!

»Erlauben Sie«, brauste ich auf, »das steht doch bereits in der Bibel, dass alle Menschen Menschen sind!«

»Als die Bibel geschrieben wurde, gab's noch keine Kolonien in unserem Sinne«, dozierte felsenfest der Bäckermeister. »Eine Bibel muss man in übertragenem Sinn verstehen, bildlich oder gar nicht! Herr, glauben Sie denn, dass Adam und Eva leibhaftig gelebt haben oder nur bildlich?! Na also! Sie werden sich nicht auf den lieben Gott hinausreden, dafür werde ich sorgen!«

»Sie werden für gar nichts sorgen«, sagte ich und komplimentierte ihn hinaus. Es war ein Hinauswurf. »Bei Philippi sehen wir uns wieder!« rief er mir noch zu und verschwand.

6 *Jugend ohne Gott* – ein Kriminal-/Detektivroman: Krimi-Elemente identifizieren

Sachanalyse

Die sechste Unterrichtsstunde beschäftigt sich mit der Genre-Zuordnung. Der Erfolg des Romans *Jugend ohne Gott* ist unter anderem auch den Gestaltungselementen eines Krimis zuzuschreiben. Krimis erfreuen sich in den Medien, sei es Buch, Film oder Hörspiel, sehr großer Beliebtheit. Sie sind spannend und unterhaltsam, laden zum Mitraten ein und spielen mit dem Reiz des Verbotenen. Gleichzeitig wird die Ordnung (meist) wiederhergestellt, und die Gerechtigkeit siegt. Das Genre ist sehr vielfältig, es gibt sehr viele verschiedene Arten von Krimis, so zum Beispiel die Regional- oder historischen Krimis.

Jugend ohne Gott weist die Elemente der speziellen Krimiform des Detektivromans[1] auf. Es geschieht ein Verbrechen, der Schüler N wird während des Zeltlagers erschlagen aufgefunden. Sehr schnell gibt es ein Geständnis, der Schüler Z gibt zu, seinen Mitschüler getötet zu haben. Es kommt zum Prozess, bei dem sich herausstellt, dass Z nur gestanden hat, um seine Freundin Eva zu schützen. Diese wiederum sagt aus – motiviert durch das Geständnis des Lehrers, er habe das Kästchen geöffnet –, sie habe einen anderen Jungen gesehen, der N ermordet habe. Da sie auch zu Protokoll gibt, Zs Liebe nicht zu erwidern, widerruft dieser sein Geständnis. Nun wird Eva des Mordes schuldig gesprochen. Sie ist das schwächste Glied in der Kette, 15 Jahre alt, Waise, Diebin und in den Augen der Gesellschaft ein ›leichtes Mädchen‹. Der Lehrer ist aber von Evas Unschuld überzeugt und vermutet, dass T der Täter sei. Hier setzt nun die eigentliche Aufklärungsarbeit ein. Der Lehrer übernimmt die Arbeit des Detektivs, unterstützt wird er vom »Klub« (107,32) und Julius Caesar. Der Lehrer spricht mehrfach mit T, Julius Caesar will T eine Falle stellen, in die dieser aber nicht tappt. Der Mordfall löst sich auf, als T Selbstmord begeht und in seinem Abschiedsbrief den Mord gesteht.

1 Vgl. z. B. *Metzler-Lexikon Literatur. Begriffe und Definitionen*, hrsg. von Dieter Burdorf, Christoph Fasbender und Burkhard Moennighoff, Stuttgart/Weimar 2007, S. 146 f.

Betrachtet man diese Zusammenstellung, so fällt vor allen Dingen auf, dass erst ab dem Ende des Zeltlagers die Detektivgeschichte Fahrt aufnimmt. Zuvor spielen andere Aspekte und Strukturmerkmale eine wichtigere Rolle: Es wird vom Unbehagen des Lehrers bezüglich der menschenverachtenden Doktrin des Systems erzählt, dem er sich aber unterwerfen muss, um seine Beamtenstelle zu behalten. Die ideologische Indoktrinierung war bei seinen Schülern erfolgreich, was zu dem schlechten Lehrer-Schüler-Verhältnis geführt hat. Die gesellschaftliche Situation führt auch dazu, dass der Lehrer seinen Glauben an Gott verloren hat. Während des Zeltlagers wird von der paramilitärischen Ausbildung der Jugend erzählt, auch die Mädchen bleiben davon nicht verschont. Die Armut der Landbevölkerung wird deutlich, es gibt für sie keine Arbeit, die Kinder (wie Eva) müssen für ihren Lebensunterhalt stehlen. Im Gespräch mit dem Pfarrer wird dem Lehrer deutlich, dass die Kirche immer auf der Seite der Reichen und Mächtigen steht und nicht die Macht hat, diesen Umstand zu ändern. Das Gespräch mit dem Zigarettenhändler während einer Prozesspause hilft dem Lehrer, wieder anders auf die Gottesfrage zu schauen, schließlich findet er seinen Glauben wieder und er entschließt sich, das Angebot des Pfarrers anzunehmen, als Lehrer in Afrika zu arbeiten.

Neben der Struktur des Detektivromans lassen sich also zwei weitere Elemente finden: Einerseits die Sozialkritik, die vor allem auf die totalitäre Ideologie bezogen ist, mit den Aspekten des faschistischen Menschenbilds, der Überwachung, Indoktrinierung, Verrohung (auch der Jugend) oder auch des Frauenbilds; andererseits die religiöse Struktur, die den Wandel der Einstellung des Lehrers von zunehmender Distanzierung bis zur Rückkehr zum Glauben beinhaltet. Diese drei Aspekte sind – vor allem durch die Figur des Lehrers – eng miteinander verwoben. Er ist als ›Detektiv‹ maßgeblich an der Auflösung des Verbrechens beteiligt, dessen Ursachen auch in der gesellschaftlichen Situation liegen; seine persönliche Auseinandersetzung mit dem Gottesbild flankiert sein gesamtes Tun.

Unterrichtsverlauf

Überblick. Zunächst beschäftigen die Schülerinnen und Schüler sich mit der Frage, warum Krimis so beliebt sind, und nehmen auch das eigene Leseverhalten in den Blick. Mit Hilfe einer Struktur-Legetechnik machen sie sich mit den typischen Elementen des Kriminalromans, hier eingegrenzt auf den Detektivroman, vertraut. Im nächsten Schritt überprüfen sie, methodisch gesteuert durch ein Gruppenpuzzle, ob *Jugend ohne Gott* zu den Detektivromanen gezählt werden kann. Als Hausaufgabe verfassen sie einen Klappentext zum Roman. ! **Verkürzter Verlauf: 6.2 – 6.3**

Phase	Thema	Sozialform	Kompetenzen und Lernziele	Materialien
6.1 **fakultativ**	Der Kriminalroman als bevorzugtes Belletristik-Genre	UG	• Gründe für die Beliebtheit des Genres kennen	VORLAGE 6a ➤ S. 58 TAFELBILD 6a ➤ S. 58
6.2	Elemente des Kriminalromans	EA / PA / UG	• Fachbegriffe des Genres kennen und strukturieren	ARBEITSBLATT 6a ➤ S. 62 TAFELBILD 6b ➤ S. 59
6.3	Anwendung auf *Jugend ohne Gott*	GA (Gruppenpuzzle)	• Fokussierte Analyse üben	ARBEITSBLATT 6b ➤ S. 63 TAFELBILD 6c ➤ S. 60
HA	Klappentext zu *Jugend ohne Gott* verfassen	EA	• Kreatives Schreiben üben	VORLAGE 6b ➤ S. 61

6.1 Der Kriminalroman als bevorzugtes Belletristik-Genre (fakultativ)

Unterrichtsschritt. Ausgehend von den beiden Tabellen, die den großen Verkaufserfolg und die Bandbreite von Kriminalromanen aufzeigen (VORLAGE 6a ***Buchmarktzahlen für Spannungstitel***), tauschen sich die Schülerinnen und Schüler darüber aus, warum Krimis so viel gelesen werden. Sie können auch ihre eigenen Lesevorlieben einbringen.

UG

VORLAGE 6a ➤ S. 58

TAFELBILD 6a ➤ S. 58

Leitfragen:
- Betrachten Sie die beiden Grafiken (VORLAGE 6a). Welche Informationen kann man ihnen entnehmen?
- Aus welchen Gründen lesen Menschen Krimis?
- Lesen Sie selbst Krimis? Warum, warum nicht?

Erläuterungen. Kriminalromane sind ein wichtiger Bestandteil des Buchmarkts. 25 % der Belletristik-Verkäufe entfallen allein auf Spannungsliteratur. Krimis, Thriller und Spionageromane stellen dabei den Löwenanteil. Das Angebot ist riesig: Im Jahr 2018 waren knapp 24 000 Spannungsbücher lieferbar. Die Gründe für ihre Beliebtheit sind vielfältig. Viele Leserinnen und Leser schätzen Krimis eben wegen der Spannung – sie bringt einen dazu, weiterlesen zu wollen. Man möchte die Auflösung kennen, vielleicht rät man sogar mit, wer der Übeltäter war. Andere reizt daran, dass Verbrecher etwas Verbotenes tun – was man sich selbst (glücklicherweise) nicht trauen würde. Sie testen Grenzen aus und überschreiten sie. Die Motive für die Verbrechen dabei sind sehr vielfältig: Habgier, Eifersucht, gekränkte Ehre, aber auch Rache und Vergeltung. Andererseits wird in der Regel das Böse gestraft, der Täter gefunden und die Ordnung wiederhergestellt. Die Gerechtigkeit siegt (meistens) und das wirkt beruhigend. Neben der Unterhaltsamkeit wird ein psychologisches Moment von Vertrauen in die Kraft des Rechts angerührt. Kriminalromane treten in vielseitiger Gestalt auf: Es gibt die historischen, die lokalen, die psychologischen oder hochliterarischen Kriminalromane. Sehr häufig – gerade bei seriellen Krimis – reizt die Figur des Ermittlers, der sehr unterschiedlich angelegt sein kann: sei es als gebrochene Existenz, smarter und charmanter Womanizer, angestrengter Familienmensch oder einsamer Wolf. Verschiedene Milieus, mit denen man als Lese-

VORLAGE 6a

Buchmarktzahlen für Spannungstitel

Umsatzanteil der Spannungstitel an der Warengruppe Belletristik:

2018	2017	2016
25,1 %	25,0 %	25,6 %

Lieferbare Titel 2018:

	Print	E-Book	Hörbuch	Andere
Spannungstitel gesamt	23 869	22 747	5776	263
Spannung	2670	3097	697	25
Krimi, Thriller, Spionage	19 632	15 784	3967	190
Historische Kriminalromane	784	696	113	10
Horror	783	3 170	999	38

Zahlen nach: www.boersenverein.de/presse/mediendossiers/mediendossier-krimi-und-spannung (Stand: 15. 6. 2020)

TAFELBILD 6a

Gründe für die Beliebtheit von Kriminalromanen

- Spannung, Unterhaltung
- eigenes Mitraten
- Grenzüberschreitung der Verbrecher
- Blick in menschliche Abgründe
- Gerechtigkeit siegt – psychologische Beruhigung
- breites Repertoire der Gestaltung
- Einblick in unbekannte gesellschaftliche Milieus

} vielseitiges Genre

rin oder Leser wahrscheinlich nie in Berührung käme, dienen als lokale Plattform und werden so zum Objekt der Neugierde. Somit ist der Kriminalroman ein beeindruckendes, extrem vielseitiges Genre. Auch Kinder sind durchaus den Kriminalromanen (und ihren Hörspielen oder Verfilmungen) zugeneigt; man denke nur an die großen Erfolge von *TKKG* oder *Die drei ???*. Auch *Emil und die Detektive* oder *Rico, Oskar und...* reihen sich hier ein.

6.2 Elemente des Kriminalromans

EA / PA / UG

ARBEITSBLATT 6a ➤ S. 62
TAFELBILD 6b ➤ S. 59

Unterrichtsschritt. Um sich mit den Fachbegriffen und damit Gestaltungselementen des Kriminalromans vertraut zu machen, wird den Schülerinnen und Schülern eine Struktur-Legetechnik angeboten (ARBEITSBLATT 6a ***Struktur-Legetechnik: Kriminalroman***). Die Lehrkraft verteilt das Arbeitsblatt, erläutert die Arbeitsanweisungen zur Durchführung und klärt ggf. auftretende Fragen. Danach arbeiten die Schülerinnen und Schüler in ihrem eigenen Tempo und nehmen ihre Sortierung der Begriffe vor. Als Tempo-Aufgabe für schnellere Schülerinnen und Schüler kann die Struktur-Legetechnik um berühmte Detektive aus Literatur und Film ergänzt werden. Anschließend werden 2–3 Schülerarbeiten präsentiert und erläutert. Hierzu sollte eine Visualisierung eingeplant werden, z. B. Abfotografieren oder Verwenden einer Dokumenten-Kamera. Es gibt keine ›richtige‹ oder ›falsche‹ Lösung, da die Struktur-Legetechnik ein individuelles Begriffs-Netzwerk abbildet; wichtig ist dennoch, dass die Erläuterung für die gewählte Anordnung plausibel erscheint. Schülerinnen und Schüler, die die Tempo-Aufgabe bearbeitet haben, können die bekannten Detektive kurz vorstellen.

Vertiefend sollten die Schülerinnen und Schüler anhand ihrer gelegten Struktur erläutern, wie eine Krimigeschichte funktioniert. In dem Zusammenhang führt die Lehrkraft den Begriff des Detektivromans ein. Mit Hilfe eines Zeitstrahls (TAFELBILD 6b) kann der Aufbau visualisiert werden.

Impuls:
- Erläutern Sie anhand Ihrer gelegten Struktur, wie eine Detektivgeschichte aufgebaut ist.

Erläuterungen. Die Struktur-Legetechnik ist ein probates Mittel, um Vorwissen abzurufen und zu ergänzen. Sie entspricht der Arbeitsweise unseres Gehirns, das Wissen in Begriffsnetzen abspeichert. Indem die Schülerinnen und Schüler die gebotenen Begriffe strukturieren, machen sie ihr ganz individuelles semantisches Netzwerk sichtbar.

Unter einem Kriminalroman versteht man ein Prosawerk, das die Geschichte eines Verbrechens oder eines Verbrechers erzählt. Eine Sonderform stellt dabei der Detektivroman dar, der die Aufklärung einer Tat durch einen Detektiv in der Ermittlerrolle beinhaltet. Ziel ist also, den Tathergang anhand von Zeugenaussagen, Spuren und Indizien zu rekonstruieren. Die Geschichte setzt mit dem ungeklärten Verbrechen ein und erzählt von den Bemühungen des Detektivs, die vor dem Verbrechen liegende Zeit zu ergründen. Dazu braucht der Ermittler Informationen über das Opfer, über die Motive und Alibis möglicher Täter und den genauen Hergang der Tat. Dazu befragt er Zeugen, wertet alle Informationen aus, um schließlich durch Intuition oder Logik den Fall zu lösen.

Berühmte Ermittler sind Jules Maigret, Hercule Poirot, Sherlock Holmes oder Miss Marple; aus neuerer Literatur Kurt Wallander oder Georges Dupin.

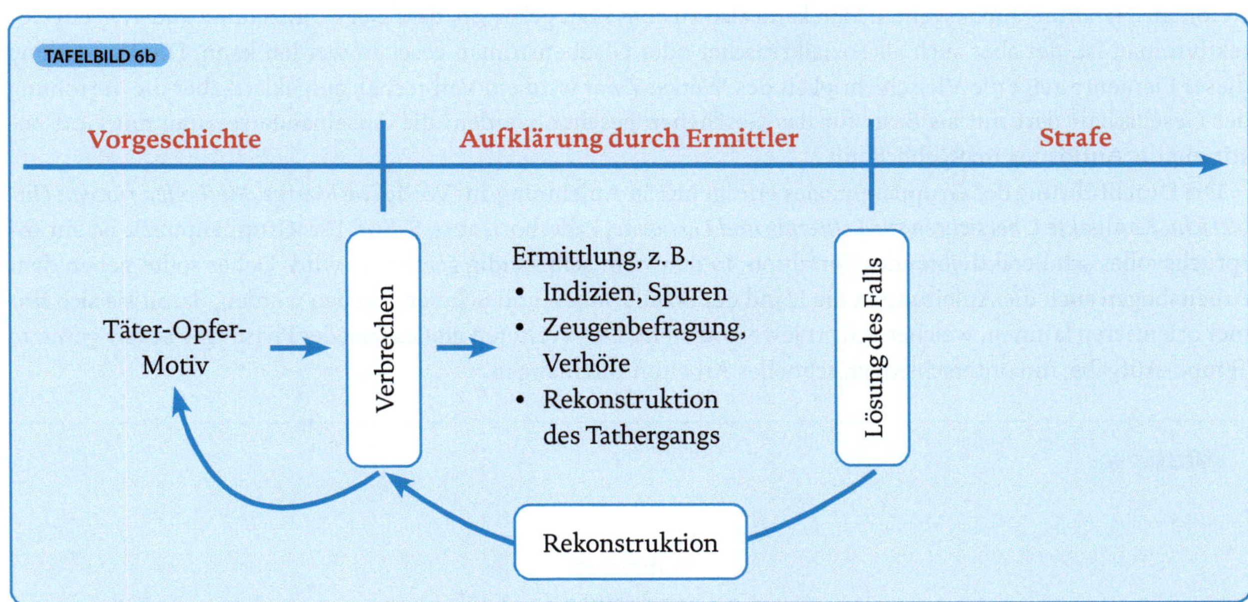

GA (Gruppenpuzzle)

6.3 Anwendung auf *Jugend ohne Gott*

Unterrichtsschritt. Ausgang der Erarbeitung ist die Problemfrage, ob der Roman als Detektivroman eingeordnet werden könnte. Um diese Frage beantworten zu können, muss untersucht werden, ob der erarbeitete Aufbau (TAFELBILD 6b) und die zuvor strukturierten Elemente nachweisbar sind beziehungsweise auch Aspekte auftreten, die nicht dem Detektivroman entsprechen. Diesbezüglich untersuchen die Schülerinnen und Schüler den Inhalt von *Jugend ohne Gott*. Da die Bearbeitung sich konsequenterweise auf das ganze Werk beziehen muss, wird zur Arbeitseinteilung die Einteilung des Romans in vier inhaltliche Bereiche vorgegeben, die von den Schülerinnen und Schülern in einem Gruppenpuzzle mit Hilfe von ARBEITSBLATT 6b

ARBEITSBLATT 6b
➤ S. 63
TAFELBILD 6c
➤ S. 60

Gruppenpuzzle: »Jugend ohne Gott« – ein Detektivroman? bearbeitet werden. In der ersten Gruppenphase (Stammgruppe) machen sich die Schülerinnen und Schüler mit der Aufgabe vertraut, teilen die Arbeit unter sich auf und bearbeiten jede/r für sich den gewählten Kapitelbereich. Anschließend gehen sie in die Expertengruppen. Sie tauschen ihre Ergebnisse aus und einigen sich auf ein Fazit zu ihrem jeweiligen Kapitelbereich. Gerade diese Phase ist sehr wichtig, weil sie unterschiedliche Textkenntnis und -durchdringung durch den Abgleich nivellieren kann. Im letzten Schritt wechseln die Schülerinnen und Schüler zurück in die Stammgruppe, stellen sich gegenseitig ihre Ergebnisse vor und einigen sich auf eine abschließende Einschätzung bezüglich der Problemfrage.

In der abschließenden Plenumsphase werden die genannten Einschätzungen verglichen und im TAFELBILD 6c gebündelt. Dabei muss die Lehrkraft gegebenenfalls nachfragen, welcher Natur die »anderen Handlungselemente« sind, damit die beiden anderen Ebenen – Sozialkritik und Religion – extrapoliert werden.

Medientipp. Sollte noch genügend Zeit sein, die Klappentexte zu erstellen (s. Hausaufgabe), so kann mit den Schülerinnen und Schüler das kollaborative digitale Arbeiten in Kleingruppen oder als ganze Lerngruppe mit zumpad.zum.de geübt werden. Die entstandenen Texte können in verschiedene Formate umgewandelt werden und sind damit exportierbar. Sollten die digitalen häuslichen Voraussetzungen gegeben sein, können die Schülerinnen und Schüler die Klappentexte auch in Gruppen als Hausaufgabe verfassen. Eine hilfreiche Einführung findet man unter: https://lehrerfortbildung-bw.de/st_digital/medienwerkstatt/fortbildungen/lern2/2_werk/1_cotext (Stand: 10.7.2020).

Erläuterungen. *Jugend ohne Gott* weist durchaus die Elemente eines Detektivromans auf. Ein Verbrechen wird aufgeklärt, der Schuldige straft sich selbst. Aber neben dieser Struktur finden sich noch zahlreiche gesellschaftskritische Elemente und auch die Auseinandersetzung des Lehrers mit seinem Glauben, die über die reine Detektivroman-Handlung hinausgehen. Man kann also zu dem Fazit gelangen, dass Der Roman *unter anderem* ein Detektivroman ist, der aber auch als sozialkritischer oder Glaubensroman gesehen werden kann. Die Verbindung dieser Elemente zeigt die Vielschichtigkeit des Werks: Zwar wird ein Verbrechen aufgeklärt, aber die Verrohung der Gesellschaft darf mit als Basis für das Geschehen gesehen werden; die Auseinandersetzung mit Gott bestimmt die Auflösung maßgeblich mit.

Die Durchführung des Gruppenpuzzles erfolgt hier in Anlehnung an: Wolfgang Mattes, *Methoden für den Unterricht. Kompakte Übersichten für Lehrende und Lernende*, Paderborn 2011, S. 80 f. Das Gruppenpuzzle ist ein anspruchsvolles schüleraktivierendes Verfahren, in dem sehr selbständig gearbeitet wird. Daher sollte neben dem Arbeitsbogen auch die Anleitung in die Hand der Schülerinnen und Schüler gegeben werden, damit sie sich immer orientieren können, welcher Schritt jeweils ansteht. Des Weiteren gibt es zu jeder Phase eine kursiv gesetzte Tempo-Aufgabe, um unterschiedlich schnelles Arbeiten aufzufangen.

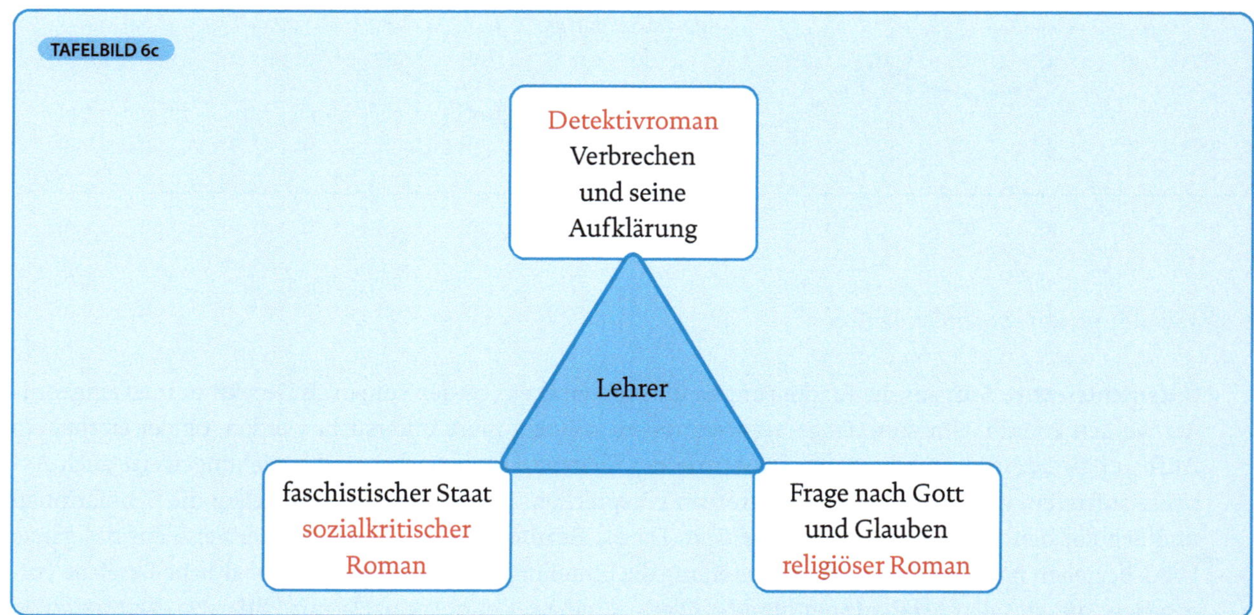

Hausaufgabe

EA

VORLAGE 6b
➤ S. 61

VORLAGE 6b

Klappentext zu *Jugend ohne Gott* verfassen

Viele Bücher verfügen über einen so genannten Klappentext. Darunter versteht man den in der Umschlagklappe abgedruckten Werbetext für das Buch. Meist wird er von der Marketing-Abteilung eines Verlags erstellt. Der Klappentext reißt den Inhalt des Buchs an (nicht spoilern!) und soll Lust auf die Lektüre des Buches machen, also zu einer Kaufentscheidung führen. Er umfasst in der Regel zwischen 100–200 Wörter.

Schreiben Sie einen Klappentext für *Jugend ohne Gott*. Bringen Sie ihn zur übernächsten Stunde mit.

Gehen Sie so vor:

- Überlegen Sie zunächst, welche Aspekte bezüglich des Romaninhalts Sie einbringen möchten. Notieren Sie einige Stichworte.
- Bringen Sie Ihre Stichworte in eine sinnvolle Reihenfolge.
- Beginnen Sie mit dem Schreiben anhand Ihrer Stichworte. Achten Sie darauf, dass Sie die Zielgruppe, Leserinnen und Leser, die sich für Buch entscheiden sollen, im Blick haben – also Ihren Schreibstil daran ausrichten.
- Lesen Sie Ihren Text Korrektur, zählen Sie gegebenenfalls auch die Wörter. Prüfen Sie, ob Ihr Klappentext auf das Werk neugierig macht, ohne zu viel zu verraten und ohne falsche Versprechen zu machen.

In *Oliver Twist*, 1837/38 erschienen, hat Charles Dickens traumatische Erlebnisse seiner eigenen Kindheit verarbeitet: 1824 kommt sein Vater ins Londoner Schuldgefängnis und Charles muss in Warrens Schuhwichsefabrik Flaschen abfüllen und mit Etiketten bekleben – eine tiefe Demütigung für den bildungshungrigen Zwölfjährigen, die er nie überwindet. Die Figur des unglücklichen, alleingelassenen und bedrohten Kindes wird in seinem Werk immer von neuem wiederkehren, in der Geschichte von Oliver Twist nimmt sie erstmals feste Gestalt an.

Klappentext zu Charles Dickens, *Oliver Twist oder: Der Werdegang eines Jungen aus dem Armenhaus*, Übers., Anm. und Nachw. von Axel Monte, Stuttgart: Reclam, 2011

ARBEITSBLATT 6a

Struktur-Legetechnik: Kriminalroman

Verbrechen	Motiv	Suizid	Täter/in
Staatsanwaltschaft	Indizien	Opfer	Tatzeit
Zeugen	Tatwerkzeug	Waffe	Anstiftung zum Mord
Detektiv	Mord	Verdächtige	Pistole
Messer	Alibi	Tathergang	Kriminalpolizei
Schuld	Ermittlung	Gift	Strafe
Überführung des/der Schuldigen	Beweise	Verhör	Befragung
Gericht			

Arbeitsaufträge:

1. Schneiden Sie die Kärtchen aus und lesen Sie die einzelnen Begriffe (Einzelarbeit).
2. Sortieren Sie zunächst die Begriffe aus, die Sie nicht kennen (Einzelarbeit).
3. Klären Sie diese mit einem Partner / einer Partnerin.
4. In den leeren Kästchen können Sie noch Begriffe ergänzen, die Ihrer Meinung nach auch zum Themenbereich gehören (Einzelarbeit).
5. Sortieren Sie nun die Begriffe so, wie sie der Bedeutung nach zusammengehören, und bringen Sie anschließend in eine plausible Anordnung (Einzel- oder Partnerarbeit).
6. Stellen Sie sich darauf ein, Ihre Anordnung dem Plenum zu erläutern. Fotografieren Sie dazu ggf. Ihre Struktur ab.

*7. *Tempo-Aufgabe: Kennen Sie berühmte Detektive/Detektivinnen aus Literatur oder Film? Ergänzen Sie ihre Namen.*

(Zeit insgesamt: 20 Minuten)

Gruppenpuzzle: *Jugend ohne Gott* – ein Detektivroman?

Anleitung

Ihre Aufgabe ist es zu untersuchen, ob *Jugend ohne Gott* als ein Detektivroman zu bezeichnen ist. Sie arbeiten dafür in wechselnden Gruppenzusammensetzungen und füllen dabei den Arbeitsbogen Gruppenpuzzle aus.

Schritt 1: Stammgruppen

Bilden Sie eine Vierergruppe. Lesen Sie die Anleitung gemeinsam und verständigen sich über die zu leistende Arbeit. Teilen Sie dann die Kapitelbereiche A, B, C und D unter sich auf. Nun füllt jede/r für sich den Arbeitsbogen für seinen/ihren Bereich aus. Nehmen Sie den Roman zum Nachschlagen zur Hand. (25 Minuten)

Sollte eine/r von Ihnen vor Ablauf der Zeit fertig sein, so bearbeiten Sie einen weiteren Kapitelbereich.

Schritt 2: Expertengruppen

Nun setzen sich jeweils diejenigen zusammen, die A, B, C oder D bearbeitet haben. Tauschen Sie sich in dieser Gruppenzusammensetzung über Ihre Ergebnisse aus, vergleichen, ergänzen oder korrigieren Sie sie gegebenenfalls in Ihrem Arbeitsbogen. Kommen Sie zu einem Fazit bezüglich Ihres jeweiligen Kapitelbereichs, das Sie im nächsten Schritt der Stammgruppe präsentieren können. (15 Minuten)

Sollten Sie vor Ablauf der Zeit fertig sein, so bearbeiten Sie einen weiteren Kapitelbereich.

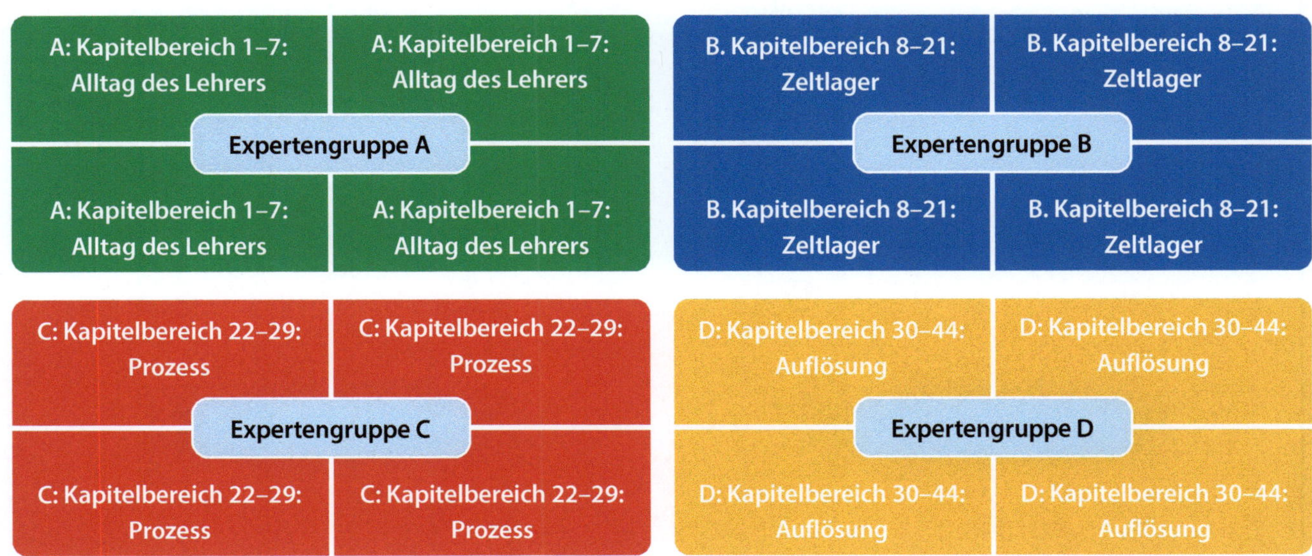

Schritt 3: Stammgruppen

Kehren Sie nun in Ihre Stammgruppe (wie in Schritt 1) zurück. Informieren Sie sich gegenseitig über Ihre Ergebnisse aus den Expertengruppen, die Zuhörenden machen sich jeweils Notizen.

Diskutieren Sie abschließend die Ausgangsfrage »Ist *Jugend ohne Gott* ein Detektivroman?« und entscheiden Sie sich begründet für eine Einschätzung. Stellen Sie sich darauf ein, Ihre Einschätzung ins Plenum zu bringen. (20 Minuten)

Sollten Sie vor Ablauf der Zeit fertig sein, so lesen Sie im Anhang der Ausgabe Reclam XL im 6. Kapitel, »›Jugend ohne Gott‹ – eine Detektivgeschichte«, S. 163 f. den ersten Text von Norbert Keufgens und notieren gegebenenfalls weitere Aspekte.

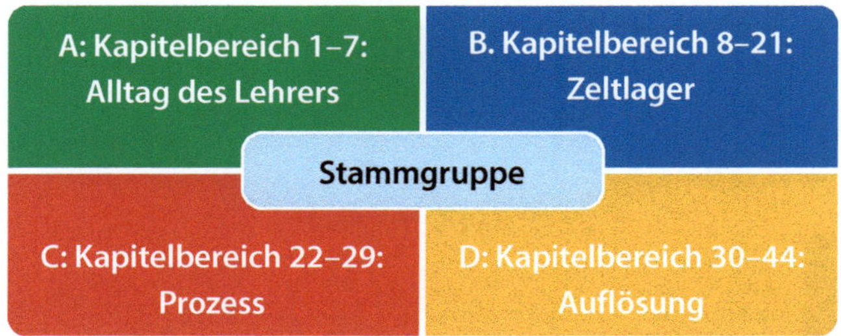

Arbeitsbogen Gruppenpuzzle

Fragestellung: Ist *Jugend ohne Gott* ein Detektivroman?		
	Typische Elemente einer Detektivgeschichte	Andere Elemente der Romanhandlung
A Kapitel- bereich 1–7 Lehreralltag		
B Kapitel- bereich 8–21 Zeltlager		
C Kapitel- bereich 22–29 Prozess		
D Kapitel- bereich 30–44 Auflösung		
Fazit: Beantwortung der Frage		

7 Schuldfrage und Romanschluss – die Frage nach der Schuld klären und mit dem Titel und Romanende verknüpfen

Sachanalyse

Im engen Sinn ist die juristische Schuld der Tötung Ns geklärt: T ist der Täter, der mordet, weil er sehen möchte, wie ein Mensch stirbt. Aber damit ist die Schuld im weiteren Sinn, nämlich als Ursache von etwas Bösem oder einem Unglück, Verantwortlichsein für etwas Böses beziehungsweise als sittlichem Versagen[1] noch nicht zugewiesen. Schuld kann verschiedene Facetten haben: Es kann sich um Kollektivschuld handeln, wenn eine ganze Gesellschaft oder Gruppe versagt; es kann sich um individuelle Schuld handeln, wenn ein Mensch auf moralischer Ebene versagt. Nach Wolf Kaiser ist das »zweite große Thema des Romans [...] die persönliche Schuld, die ein Individuum in einer Gesellschaft auf sich laden kann, indem es passiv bleibt und sich treiben lässt.«[2]

Der Lehrer als Erzähler des Geschehens wirft die Schuldfrage selbst in seinen Reflexionen immer wieder auf. Er ist tief betroffen durch die Aussage des Tabakhändlers, der die These aufstellt, dass »alle Beteiligten schuld zu sein« (87,16 f.) scheinen. Es ist das Gespräch mit diesem unbeteiligten, einfachen Mann, das den Lehrer dazu veranlasst, vor Gericht die Wahrheit zu sagen und sich zu seiner Schuld zu bekennen. Aufgrund seines Zögerns, Lügens und Stillhaltens hat sich der Lehrer schuldig gemacht. Erst durch das Bekenntnis zur Wahrheit, was für ihn mit gravierenden Konsequenzen verbunden ist, befreit er sich von seiner Schuld und löst zugleich eine Kette von Reaktionen aus, die weiteres Unrecht verhindern beziehungsweise zur Klärung der Schuldfrage an der Ermordung Ns beitragen. Neben dieser juristischen Schuld hat der Lehrer auch versagt, indem er sich der Staatsmacht gebeugt und bei der Erziehung der Schüler seine ethischen Werte nicht verteidigt hat – aus Angst vor Verlust von Arbeit und Pension. Damit steht er in einer Reihe mit den anderen Erwachsenen, dem Direktor, der sich durchaus bewusst ist, dass ein Aufbegehren den Preis nicht lohnt, dem Feldwebel, der sich an der paramilitärischen Ausbildung von Kindern beteiligt, und im besonderen Maße auch mit den Eltern, die entweder ihre Kinder der Wohlstandsverwahrlosung überlassen (wie bei Z oder T) oder sie zu strammen Faschisten (wie bei N) erziehen.

Die Jugendlichen sind einerseits Opfer des Systems: Die Waise Eva und ihre Bande sind durch das soziale Netz gefallen und halten sich durch Diebstähle über Wasser. Dabei schrecken sie vor Gewalt und Gemeinheiten nicht zurück, wie der Überfall auf die blinde, alte Frau zeigt. Eva gaukelt zudem Z Liebe vor, um im Zeltlager stehlen zu können. Sie bekennt sich vor Gericht zu diesem Fehlverhalten. Andererseits übernehmen die Schüler kritiklos (eine Ausnahme stellt der ›Buchklub‹ von B dar) die Parolen und Maximen der Erwachsenen. So verprügeln sie grundlos einen Mitschüler und werfen sein Brot zum Fenster hinaus – nur damit er keines mehr hat – und schämen sich nicht einmal dafür. Sie übernehmen die Ideologie der Rassenüberlegenheit, denunzieren den Lehrer und beteiligen sich voller Elan an Exerzier- und Schießübungen. Sie sind eine »Jugend ohne Gott« in einer Gesellschaft ohne Gott – einer Gesellschaft im »Zeitalter der Fische« (21,17), die von Kälte, Hybris, Gleichgültigkeit und Inhumanität geprägt ist.

Der Lehrer findet schlussendlich seinen Weg heraus aus der Sünde. Nicht nur weil seine materiellen Lebensgrundlagen zerstört sind, beschließt er, Gesellschaft und Staat den Rücken zu kehren. Er hat seine eigene Passivität, Gottlosigkeit und seinen Opportunismus überwunden und geht nach Afrika zu den »Negern« (138,30).

1 Vgl. *Duden online*: www.duden.de/rechtschreibung/Schuld (Stand: 15. 6. 2020).

2 Wolf Kaiser, »Jugend ohne Gott – ein antifaschistischer Roman?«, in: *Horváths »Jugend ohne Gott«*, hrsg. von Traugott Krischke, Frankfurt a. M. 1984, S. 56–59. Hier zitiert nach der Ausgabe Reclam XL, S. 159.

Unterrichtsverlauf

Überblick. Zur Problemeröffnung beschäftigen sich die Schülerinnen und Schüler mit dem Zitat des Tabakhändlers, der der Meinung ist, alle Beteiligten hätten in diesem Fall Schuld. Nach einer Murmelphase erfolgt ein intensives Unterrichtsgespräch, in dem der Schuldbegriff differenziert betrachtet wird. Anschließend prüfen die Schülerinnen und Schüler, ob der Tabakhändler recht mit seiner Aussage hat. Die Überprüfung erfolgt in Form einer Fishbowl-Diskussion, für deren Vorbereitung die Schülerinnen und Schüler sich arbeitsteilig mit der jeweiligen Schuld der Beteiligten auseinandersetzen. Als fakultativer Schritt wird eine Verknüpfung mit der Deutung des Romantitels und damit der religiösen Schuldebene geboten. Zunächst überlegen die Schülerinnen und Schüler einen alternativen Romantitel – durch den Vergleich mit dem Originaltitel und dessen Bezüge zum Romaninhalt ergeben sich erste Deutungsmöglichkeiten. Eine vertiefte Betrachtung wird durch die Erklärung und Prüfung einer literaturwissenschaftlichen Deutung des Romantitels erzielt. Im letzten Schritt untersuchen die Schülerinnen und Schüler das Romanende als Teil der Überwindung von Schuld. Dabei wird das Motiv der »Sündflut« (11,25) betrachtet und die Gestaltung der Abschiedssituation für den Lehrer. Abschließend geben die Schülerinnen und Schüler ihre Einschätzung zum Romanende ab. ! **Verkürzter Verlauf: 7.1 – 7.2 – 7.4**

Phase	Thema	Sozialform	Kompetenzen und Lernziele	Materialien
7.1	Die Frage nach der Schuld stellen	UG	• Schuldbegriff klären und individuelle und kollektive Schuld unterscheiden	VORLAGE 7a ➤ S. 68 TAFELBILD 7a ➤ S. 68
7.2	Die individuelle Schuld der Figuren prüfen	GA (Fishbowl)	• Individuelle Schuld der Figuren untersuchen und in einem Gesamttableau verbinden	ARBEITSBLATT 7a ➤ S. 74
7.3 **fakultativ**	*Jugend ohne Gott* – Gesellschaft ohne Gott: Den Titel untersuchen	EA / UG	• Den Titel verstehen	VORLAGE 7b ➤ S. 71 TAFELBILD 7b ➤ S. 71 ARBEITSBLATT 7b ➤ S. 77
7.4	Ende gut – alles gut? – Das Romanende untersuchen	LV / EA / UG	• Die Bedeutung des Romanendes klären und bewerten	VORLAGE 7c ➤ S. 72 TAFELBILD 7c ➤ S. 72 TAFELBILD 7d ➤ S. 73
HA	Trailer der Verfilmung anschauen			

7.1 Die Frage nach der Schuld stellen

Unterrichtsschritt. Zunächst wird die Problemstellung erarbeitet: Es geht darum, dass die Schülerinnen und Schüler die Frage nach der Schuld als zentralen Betrachtungsaspekt wahrnehmen und in ihrer Vielschichtigkeit ausloten. Dazu werden sie nach wenigen einführenden Worten der Lehrkraft mit dem Zitat des Tabakhändlers konfrontiert (VORLAGE 7a *Der Tabakhändler*). Die Schülerinnen und Schüler haben in einer Murmelphase Gelegenheit, gemeinsam mit einer Partnerin oder einem Partner erste Ideen bezüglich der Bedeutung dieses Zitats zu äußern, bevor sie die Veröffentlichung im Plenum wagen. Dem anschließenden Unterrichtsgespräch sollte genügend Raum gegeben werden, denn die Klärung des Schuldbegriffs beziehungsweise der verschiedenen Dimensionen von Schuld ist unerlässlich, bevor die Schuld der einzelnen Figuren im nächsten Schritt genauer betrachtet werden kann. Daher werden gegebenenfalls weitere Impulse eingebracht, um das Gespräch zu vertiefen. Eine schriftliche Sicherung sollte über das TAFELBILD 7a erfolgen.

UG

VORLAGE 7a ➤ S. 68

TAFELBILD 7a ➤ S. 68

Hinführung (Lehrervortrag):

- Der Mörder von N hat in seinem Abschiedsbrief seine Schuld gestanden. Juristisch ist somit die Schuldfrage geklärt. Bei seinem Besuch im Tabakladen wird der Lehrer mit einer Aussage des Händlers bezüglich der Schuldfrage konfrontiert.

VORLAGE 7a

Der Tabakhändler

»›Ja‹, sagt er [der Tabakhändler], ›denn in diesem Falle scheinen alle Beteiligten schuld zu sein. Auch die Zeugen, der Feldwebel, der Lehrer – und auch die Eltern.‹«

(87,16–18)

Impuls für das Unterrichtsgespräch:

- Was genau meint der Tabakhändler, wenn er sagt, dass alle Beteiligten schuld seien? Besprechen Sie sich zunächst mit Ihrem Sitznachbarn oder Ihrer Sitznachbarin. Bringen Sie anschließend Ihre Ideen ins Plenum ein.

Mögliche weitere Impulse zur Vertiefung:

- Welche Dimensionen von Schuld könnte er meinen?
- Woran sind alle Beteiligten schuld?
- Teilen Sie seine Einschätzung?

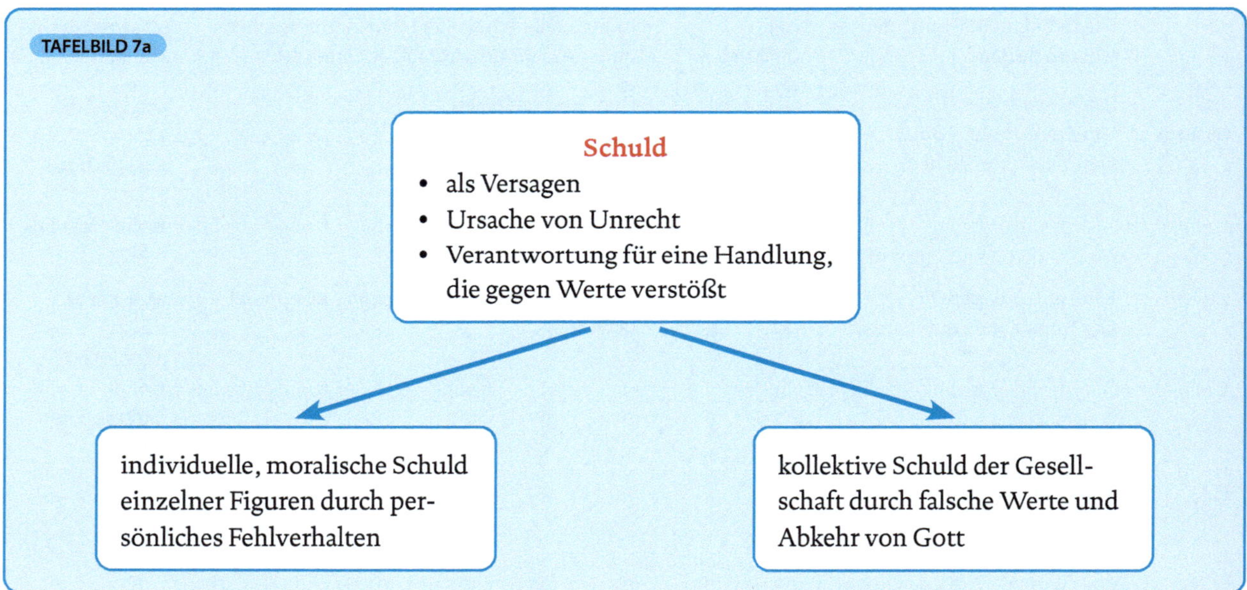

Erläuterungen. Der Tabakhändler spricht von einer Schuld aller Beteiligten. Diese Aussage ist in ihrer Schlichtheit doch von großer existenzieller Bedeutung, denn sie stößt bei der Lerngruppe das Nachdenken über das Schuldigsein unabhängig von der (geklärten) juristischen Schuld an.

Dem Tabakhändler geht es mit seiner Aussage nicht um die juristische Schuld. Er meint offensichtlich, dass unterschiedliches Versagen auf verschiedenen Ebenen zu dem Fall gehört. Das kann eine individuelle moralische Schuld sein, wenn beispielsweise der Lehrer (zu) lange zögert, die Wahrheit zu sagen. Es kann aber auch um eine kollektive Schuld der Gesellschaft gehen, in der Härte, Gefühllosigkeit, Opportunismus und Hybris bezogen auf die eigene »Rasse« und Kultur zur Maxime erhoben werden. Für den religiösen Tabakhändler spielt auch die Entfernung von Gott und Glauben als kollektive Erscheinung eine Rolle. Somit könnte der Tabakhändler die Meinung vertreten, dass alle Beteiligten daran schuld sind, dass die Jugend verroht ist, was wiederum darauf zurückzuführen sein könnte, dass diese in einer Gesellschaft aufwachsen, die eine Atmosphäre der Kälte und Gottlosigkeit aufweist.

In einer ersten spontanen Reaktion auf die Richtigkeit der Aussage des Tabakhändlers wird man diesem sicherlich zustimmen können. Ohne den N als Opfer darstellen zu wollen, so wird man sicherlich aber berücksichtigen müssen, dass er in der Gesellschaft, in der Schule und besonders auch zu Hause in einer Atmosphäre von Gefühllosigkeit und Vernachlässigung aufgewachsen ist.

7.2 Die individuelle Schuld der Figuren prüfen

Unterrichtsschritt. Den methodischen Schwerpunkt stellt die Vorbereitung, Durchführung und Auswertung einer Fishbowl-Diskussion dar. Damit die *res dubia* sicher diskutiert werden kann, erfolgt als erstes eine Vorbereitungsphase. Die Schülerinnen und Schüler klären in der Gruppe und unter Zuhilfenahme des Romans die Schuldfrage der ihnen von der Lehrkraft zugeteilten Figur bzw. bereiten sich auf die Moderatorenrolle vor (ARBEITSBLATT 7a ***Diskussion der Schuldfrage***). Des Weiteren machen sie sich mit dem Ablauf der Fishbowl-Diskussion vertraut. Dann erfolgt die Herrichtung des Kursraums: Im Innenkreis müssen zehn Stühle aufgestellt werden (sieben Figuren, zwei Moderatoren, ein freier Stuhl), im Außenkreis so viele Stühle, wie es Beobachtende gibt. Nun wird die Diskussion durchgeführt. Nach der Diskussion übernimmt die Lehrkraft das Auswertungsgespräch. Die Beobachterinnen und Beobachter haben sowohl Kriterien für die inhaltliche als auch methodische Auswertung erhalten (siehe ARBEITSBLATT 7a, Blatt 1), anhand derer sie Feedback geben und auch das Ergebnis der Diskussion reflektieren können. Die Kriterienliste wurde bewusst einfach gehalten, da der Schwerpunkt auf der Klärung der Schuldfrage und nicht auf der Schulung des Diskussionsverhaltens liegt.

GA (Fishbowl)

ARBEITSBLATT 7a
➤ S. 74

Impuls für die Überleitung:
- Sie haben sich ausführlich mit der generellen Bedeutung der Aussage des Tabakhändlers beschäftigt. Im nächsten Schritt sollen Sie prüfen, ob und wenn ja welche persönliche Schuld die Beteiligten trifft. Dazu beschäftigen Sie sich in Gruppen mit jeweils einer Figur und klären ihr Schuldigsein. In einer anschließenden Fishbowl-Diskussion tauschen Sie sich über Ihre Ergebnisse aus.

Hinweise für die Durchführung der Fishbowl-Diskussion:
- Die Gruppensprecherinnen und -sprecher sowie das Moderationsteam nehmen auf den Stühlen im Innenkreis Platz.
- Die Beobachterinnnen und Beobachter setzen sich in den Stuhlkreis außen und fertigen Notizen an.
- Die Diskussionszeit beträgt circa 15–20 Minuten.

Impulse für die Auswertung der Fishbowl-Diskussion:
- Bitte geben Sie (die Beobachterinnen und Beobachter) den Diskussionsteilnehmerinnen und -teilnehmern eine Rückmeldung bezüglich ihres Diskussionsverhaltens.
- Wie schätzen Sie die Beantwortung der Diskussionsfrage ein? Welche Aspekte haben Sie überzeugt, welche weniger, welche möchten Sie noch ergänzen?

Erläuterungen. *Zur Fishbowl-Methode:* Diese Form des Diskutierens strukturiert eine Gruppendiskussion und bietet Möglichkeiten der Beobachtung und Reflexion (hier in Anlehnung an: Jürgen Baumann [u. a.], *Methoden im Deutschunterricht. Exemplarische Lernwege für die Sekundarstufen I und II*, Seelze 2015; darin das Kapitel »Fishbowl«, S. 37–38). Die Grundkonstellation des Fishbowl besteht aus zwei Stuhlkreisen: einem inneren, in dem die Diskutanten sitzen, und einem äußeren für die Beobachtenden. Die Schülerinnen und Schüler im inneren Sitzkreis diskutieren – meist unterstützt von einem Moderator oder einer Moderatorin – die vorbereitete Frage oder das vorbereitete Thema.

Das Besondere ist, dass der möglichen Passivität der Beobachtenden entgegengewirkt wird, da sie zu jeder Zeit den freien Stuhl in der Diskussionsrunde besetzen können, um einen weiteren Aspekt einzubringen und dann wieder in die Beobachterrunde zurückzukehren. Des Weiteren erhalten die Schülerinnen und Schüler im äußeren Sitzkreis Beobachtungsaufgaben, um den Diskutanten ein anschließendes Feedback geben zu können. Sie achten auch auf die ausgetauschten Aspekte oder Argumente. In einem abschließenden Auswertungsgespräch, das in der Regel von der Lehrkraft geleitet wird, werden die inhaltlichen Ergebnisse gebündelt, vertieft und/oder bewertet.

Diese Methode bietet ein hohes Potenzial der Differenzierung. So können die Schülerinnen und Schüler wählen, ob sie zu der diskutierenden oder beobachtenden Gruppe gehören möchten. Die vorzubereitenden Aspekte oder Argumente sind meist von unterschiedlicher Qualität und/oder Quantität. Hier kann die Lehrkraft überlegen, welcher Gruppe sie welche Figur zuordnen möchte: Die Figur des Lehrers ist anspruchsvoller in der Bearbeitung als die des Direktors beispielsweise. Eine ebenfalls anspruchsvolle Aufgabe ist die der Moderation der Diskussion (siehe ARBEITSBLATT 7a, Blatt 3). Um hier den Moderierenden Sicherheit zu bieten, wird diese Aufgabe im Moderationsteam ausgeführt. Sinnvoll ist, für das Moderationsteam Karteikarten zum Beschriften bereitzustellen. Sollte diese Aufgabe den Kurs noch überfordern, so kann die Lehrkraft selbst die Moderation übernehmen.

Zu den inhaltlichen Aspekten der Diskussion: Diese Methode bietet den Schülerinnen und Schülern ein hohes Maß an selbständigem Arbeiten. Ziel ist es zu erkennen, dass neben der Richtigkeit der Aussage des Tabakhändlers die Gemengelage aus individuellem Versagen und den widrigen gesellschaftlich-politischen Umständen zu der Katastrophe geführt hat.

In der Tat haben sich alle Beteiligten in unterschiedlicher Form und Schwere schuldig gemacht. So verschweigen der Lehrer, Eva und Z wichtige Informationen beziehungsweise sagen nicht die Wahrheit. Z lügt aber, um Eva zu schützen, weil er sie für die Täterin hält und ihr also Mordbereitschaft unterstellt. Er ist verliebt in sie; als er feststellen muss, dass diese Liebe nicht erwidert wird, ändert sich auch seine Einstellung. Aus seiner Vernehmung geht allerdings hervor, dass er mit einer sehr kalten und lieblosen Mutter aufgewachsen ist. Familiäre Wärme kennt er nicht. Eva ist zudem für Diebstähle und Raubüberfälle verantwortlich, außerdem gaukelt sie Z aus Berechnung Gefühle vor, die sie nicht für ihn empfindet. Sicherlich muss man sehen, dass Eva zu einer unterprivilegierten Gruppe gehört und niemand sich um sie kümmert. Als der Lehrer die Wahrheit sagt, folgt sie seinem Beispiel nach. Der Lehrer und der Direktor passen sich den politischen Verhältnissen an und werden so zu Mitläufern, um ihre Arbeit und Pensionsansprüche nicht zu verlieren. Sie machen sich aber auch in ihrer pädagogischen Arbeit schuldig, weil sie den Schülern keine humanistischen Werte mehr vermitteln. Ähnlich rückt auch der Feldwebel in diesen Fokus, der sich zwar von einer durchaus menschlichen Seite zeigt, aber die paramilitärische Ausbildung durchführt und somit die Schüler in ihrer Entwicklung zur Gewaltbereitschaft und -anwendung fördert. Die Schüler haben das internalisiert, was sie in Schule und Familie erfahren haben. Sie sind feige, duckmäuserisch und angepasst. Dies zeigt sich, als fünf Schüler einen verprügeln, nachdem sie sein Brot auf den Hof geworfen haben – nur einfach darum, damit er keins mehr hat. Alle Schüler haben auch den Brief an den Lehrer unterschrieben. Die Militärübungen führen sie mit Begeisterung aus. Ein Großteil von ihnen stammt aus Elternhäusern, in denen Wohlstandsvernachlässigung (z. B. T) herrscht, Kälte und Gefühllosigkeit (z. B. Z) anzutreffen sind oder fragwürdige Werte (z. B. N) mitgegeben werden.

Insgesamt kann man festhalten, dass die Figuren in einer Atmosphäre der Entfremdung zu sich selbst, ihren Mitmenschen und auch zu Gott leben. Ihre Kälte ist schuldhaft, sie werden kollektiv als Gesellschaft schuldig, weil sie sich kritiklos oder opportunistisch den politischen Vorgaben anpassen.

7.3 *Jugend ohne Gott* – Gesellschaft ohne Gott: Den Titel untersuchen (fakultativ)

EA / UG

VORLAGE 7b
➤ S. 71
TAFELBILD 7b
➤ S. 71

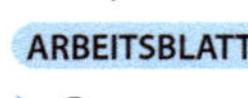

ARBEITSBLATT 7b

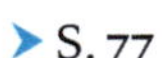

➤ S. 77

Unterrichtsschritt. Der Einstieg in diesen Unterrichtsschritt erfolgt über VORLAGE 7b ***Ein Gedankenexperiment***, bei dem die Schülerinnen und Schüler aufgefordert werden, sich einen alternativen Romantitel auszudenken. Die anschließende Besprechung im Plenum zeigt auf, welche Schwerpunkte sich in der Rezeption für die Schülerinnen und Schüler ergeben haben. Davon ausgehend untersuchen sie, welche Hinweise es im Roman auf eine Gottesthematik gibt (TAFELBILD 7b). Abschließend lesen Sie die Deutung des Titels von Wolf Kaiser (ARBEITSBLATT 7b ***Wolf Kaiser: »Jugend ohne Gott«***) und prüfen und vergleichen diese mit ihren eigenen Ideen.

Impuls zur Überleitung zur Erarbeitung des TAFELBILDS 7b:

- Die Gottlosigkeit der Jugend wird nicht expressis verbis im Roman genannt. Welche Bezüge zum Titel finden Sie vielleicht dennoch im Roman?

Erläuterungen. Das Gedankenexperiment ermöglicht den Schülerinnen und Schülern, Aspekte in den Mittelpunkt zu rücken, die bei ihrer eigenen Rezeption von Relevanz erscheinen. Das kann eher die Detektivgeschichte sein (z. B. also »Mord im Zeltlager«) oder die Entwicklung der Lehrerfigur (z. B. »(K)Ein guter Lehrer«) oder das Verhalten mancher Schüler (z. B. »Jugend ohne Gewissen«). Die Erarbeitung des originalen Romantitels zeigt die

VORLAGE 7b

Ein Gedankenexperiment

Gedankenexperiment: Wenn Sie einen anderen Titel als *Jugend ohne Gott* für den Roman vorschlagen müssten, wie würde er heißen?

Nehmen Sie sich einige Minuten Zeit, blättern Sie zur Inspiration noch einmal durch Ihre Aufzeichnungen und den Romantext durch und versuchen Sie dann einen Titel aufzuschreiben. Überlegen Sie auch, warum Ihnen dieser Titel eingefallen ist. Stellen Sie sich darauf ein, Ihre Ideen ins Plenum einzubringen.

TAFELBILD 7b

»Jugend ohne Gott«

- Lehrer und die Entwicklung seines Glaubens
- Pfarrer und seine Einstellung zur Staatskirche
- Tabakhändler und seine Bemerkung über Gottlosigkeit der Gesellschaft
- Motive aus der Bibel, vor allen Dingen im Hinblick auf Schuld »Sündflut« (11,25), »Vertrieben aus dem Paradies« (94,1)

Bezüge zum Romaninhalt auf – allerdings stellt man fest, dass die Gottlosigkeit der Jugend nur einen gesellschaftlichen Ausschnitt darstellt. Der ganzen Gesellschaft fehlt der Glaube und damit in Augen Horváths die Menschlichkeit, Wärme und Güte. Auch Kaiser zeigt bei seiner Deutung des Romantitels auf, dass der Titel erst zu klären ist, wenn man ihn »ex negativo« versteht. Es braucht also eine Gesellschaft mit »Wahrheit und Gerechtigkeit«, mit Idealen und humanen Werten.

7.4 Ende gut – alles gut? – Das Romanende untersuchen

Unterrichtsschritt. Abschließend betrachtet die Lerngruppe das Romanende – was also aus dem Lehrer geworden ist, nachdem der Mordfall aufgeklärt ist und er seine Schuld gesühnt hat – indem sie den Arbeitsaufträgen der VORLAGE 7c ***Das Romanende*** folgt. LV / EA / UG

Zunächst betrachten die Schülerinnen und Schüler den Titel des letzten Kapitels, der sich erst dann erschließt, wenn man ihn in Verbindung mit dem Motiv und Neologismus »Sündflut« (11,25) bringt. Die Ergebnissicherung erfolgt in TAFELBILD 7c. Nach dem Hörvortrag des Kapitels (Ausgabe XL, S. 138) durch die Lehrkraft formulieren die Schülerinnen und Schüler zunächst ungefiltert ihre Höreindrücke, lesen dann selbst still das Kapitel und achten dabei darauf, welche Figuren in dem Kapitel erwähnt werden und was über sie ausgesagt wird. Anschließend untersuchen sie in Einzelarbeit, wie die Abschiedssituation für den Lehrer aussieht, auch im Hinblick auf den Aspekt der Schuld. Der nächste Lesedurchgang dient der Beachtung der sprachlichen Gestaltung, um diese in die Untersuchung der Abschiedssituation zu ergänzen. Diese Arbeitsschritte werden im TAFELBILD 7d festgehalten. Abschließend können sich die Schülerinnen und Schüler dazu äußern, wie ihnen das Ende gefällt.

VORLAGE 7c
➤ S. 72
TAFELBILD 7c
➤ S. 72
TAFELBILD 7d
➤ S. 73

Erläuterung. Das Romanende ist für die Rezeption von hoher Bedeutung, da es die Geschichte abschließt und, als letztes gelesen, in besonderer Erinnerung bleibt. Häufig ergibt sich ein Urteil über einen epischen Text erst dann, wenn auch das Ende gelesen wurde. Um Rezeption und Analyse fruchtbringend zu komplementieren, wird ein Rhythmus von Lesen/Hören und ›Darüber-Sprechen‹ inszeniert.

Die Kapitelüberschrift deutet bereits an, dass der Lehrer sich »[ü]ber den Wassern« befindet, also die »Sündflut« (11,25), die Überschwemmung durch Böses im »Zeitalter der Fische« (21,17) überlebt hat und gerettet ist. Das Romanende kann also als ein versöhnliches betrachtet werden. Zwar wird der Lehrer Heimat und die wenigen

VORLAGE 7c

Das Romanende

Arbeitsaufträge:

1. Das letzte Kapitel trägt die Überschrift »Über den Wassern« (138,9). Setzen Sie diesen Titel in Beziehung zur »Sündflut« (11,25), einem Neologismus gebildet aus ›Sünde/n‹ und der biblischen Erzählung zur ›Sintflut‹, einer von Gott veranlassten Überschwemmung, die nur Noah mit seiner Familie und einer Ansammlung von Tieren überlebt.
2. Hören Sie dem Vortrag des letzten Kapitels zu. Formulieren Sie anschließend Ihre Höreindrücke.
3. Lesen Sie anschließend selbst das letzte Kapitel. Achten Sie darauf, welche Figuren erwähnt werden und was ihnen zugeschrieben wird. Bewerten Sie anschließend die Abschiedssituation für den Lehrer. Beziehen Sie auch den Aspekt der Schuld mit ein.

*4. *Tempo-Aufgabe: Sollten Sie schneller fertig sein, dann vergleichen Sie das Kapitelende mit der ersten Romanseite.*

Abschlussrunde: Wie bewerten Sie das Romanende?

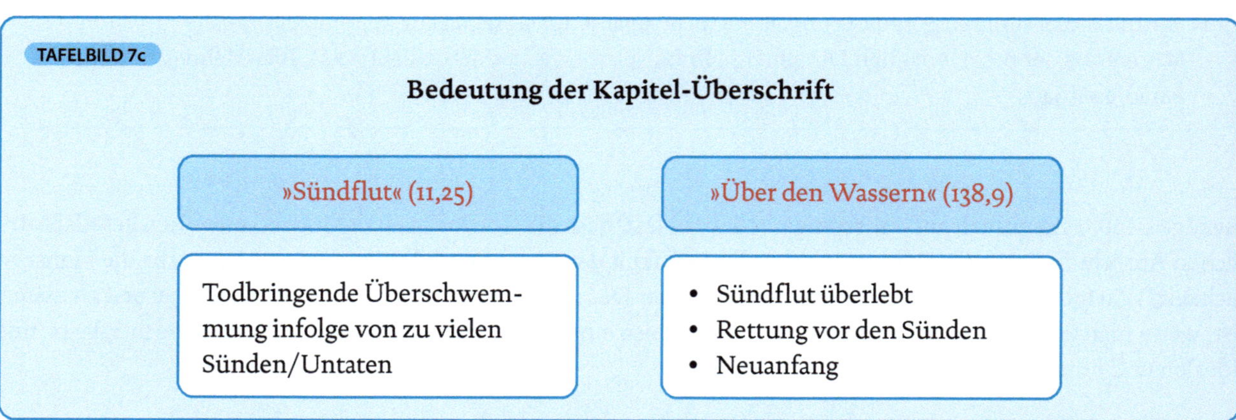
TAFELBILD 7c

Bedeutung der Kapitel-Überschrift

»Sündflut« (11,25)	»Über den Wassern« (138,9)
Todbringende Überschwemmung infolge von zu vielen Sünden/Untaten	• Sündflut überlebt • Rettung vor den Sünden • Neuanfang

Freunde und die Eltern verlassen, aber er hat eine neue Perspektive und eine neue Arbeit. Dies kann als Teil seiner Sühne angesehen werden, und er geht genau zu den Menschen, deren Humanität er zu verteidigen versucht hatte. Die Wandlung des Lehrers wird im letzten Kapitel auch daran deutlich, wie er auf die anderen Figuren eingeht, sie wirklich wahrnimmt. Ihm wird Wertschätzung der ihm wichtigen Menschen zuteil, jeder trägt auf seine Weise dazu bei. Zwar ist die verwendete Sprache immer noch recht parataktisch und nüchtern, aber er nimmt die Befindlichkeiten der anderen wahr und er fordert sich selbst auf, nun alles hinter sich zu lassen. Abschließend kommentiert er in selbstironischer Weise: »Der Neger fährt zu den Negern.« (138,30) – hat also sein Schicksal akzeptiert.

Hausaufgabe

1. Schauen Sie den Trailer der Verfilmung von *Jugend ohne Gott* an: kinocheck.de/trailer/2lk/jugend-ohne-gott-trailer-german-deutsch-2017
2. Halten Sie Ihre Eindrücke in Stichworten fest.
3. Denken Sie auch daran, für die nächste Stunde Ihren Klappentext (Hausaufgabe der Vorstunde) mitzubringen.

TAFELBILD 7d

Figur	Handlung
Vermieterin (»Hausfrau«, 138,12)	Blumen zum Abschied
Eltern des Lehrers	Brief zum Abschied: Freude über die neue Stelle des Sohnes, Traurigkeit wegen der großen Entfernung
Klub	Brief zum Abschied mit Grüßen
Eva	Froh über die Auflösung des Mords
Pfarrer	Versprechen, sich um Eva zu kümmern
Staatsanwalt	Niederschlagung des Verfahrens gegen den Lehrer
Z	Freilassung aus dem Gefängnis
Julius Caesar	Totenkopf als Abschiedsgeschenk

Lehrer:

- keine juristische Schuldverfolgung mehr
- Freude über die Perspektive von Eva und Z
- Versöhnung mit Vermieterin und Eltern
- Wertschätzung vom Klub und von Julius Caesar
- Perspektive der neuen Stelle in Afrika

➤ Sein Verantwortungsbewusstsein und seine Menschlichkeit verändern die Größe seiner Schuld; Emigration ins Exil als einzige Möglichkeit, sich dem faschistischen Regime zu entziehen

Sprachliche Gestaltung:

- überwiegend kurze Parataxen in Reihung
- sachliche Beschreibung ohne emotionale Kommentare
- Gefühlsadjektive nur bei der Beschreibung anderer Figuren
- Aufforderungen an sich selbst, nichts zurückzulassen
- Übernahme des »Neger«-Begriffs (138,30) für sich selbst

➤ Öffnung für emotionale Befindlichkeiten anderer unter Zurücknahme der eigenen Akzeptanz der getroffenen Entscheidung mit etwas Melancholie

➤ Selbst-Ermutigung, die Vergangenheit hinter sich zu lassen

Medientipp. Die Dokumentation der Rezeption des Filmtrailers kann auch als Audiodatei (anstatt in Stichpunkten) erfolgen. Verschiedene Lernplattformen (z. B. Office 365 – Kursnotizbuch oder auch das Padlet) bieten die Möglichkeit, Audiofiles hochzuladen, aber auch jedes Handy kann Audiofiles aufnehmen. Dies bietet den Schülerinnen und Schülern die Möglichkeit, sehr spontan ihre Eindrücke festzuhalten, während das Notieren von Stichpunkten schon eine stärkere Organisation erfordert. Die Audiodateien können auf unterschiedliche Weise in der Folgestunde fruchtbar gemacht werden, z. B. durch das gemeinsame Abhören im Plenum oder zunächst in Gruppen, die dann die Eindrücke vergleichen und gebündelt ins Plenum einbringen.

Diskussion der Schuldfrage

Blatt 1

Fishbowl-Diskussion zur Frage: Hat der Tabakhändler recht, wenn er sagt, dass alle Beteiligten in diesem Falle schuldig seien?

Anleitung für die Arbeitsgruppen zu den Figuren:

- Bilden Sie Dreier- bis Vierergruppen. Lesen Sie den Infokasten (s. u.) zum Ablauf einer Fishbowl-Diskussion und klären Sie Ihr Verständnis in der Gruppe.
- Stellen Sie Aspekte zusammen, die für das Schuldigsein der Ihnen zugewiesenen Figur sprechen könnten. Überlegen Sie auch, ob es andere Aspekte geben könnte, die sein oder ihr Verhalten vielleicht entschuldigen oder relativieren.
- Halten Sie abschließend fest, welchen Umfang von Schuld Sie Ihrer Figur zuweisen.
- Wählen Sie ein Mitglied Ihrer Gruppe aus, das Ihre Aspekte in der Fishbowl-Diskussion vortragen soll.
- Die anderen Gruppenmitglieder sind die Beobachter, die in der folgenden Diskussion die Aspekte, die zu anderen Figuren genannt werden, in dem Arbeitsblatt (Blatt 2) vervollständigen. Ein Beobachter hält zudem auf einem zusätzlichen Arbeitsblatt die Aspekte für das diskutierende Mitglied fest, ein weiterer notiert Eindrücke zum Verlauf der Diskussion für eine Feedback-Runde.

** Tempo-Aufgabe: Sollten Sie vor Ablauf der Vorbereitungszeit fertig sein, so wählen Sie eine weitere Figur aus, die Sie dann in gleicher Art bearbeiten.*

Vorbereitungszeit: 30 Minuten

Information zur Fishbowl-Diskussion:

- Zu einem Thema werden zunächst mehrere Gruppen gebildet, die unterschiedliche Aspekte (häufig Pro- und Kontra-Argumente) zusammenstellen.
- Anschließend wird pro Gruppe eine Gruppensprecherin oder ein Gruppensprecher benannt.
- Im Klassen- oder Kursraum wird ein innerer Stuhlkreis gebildet, der so viele Stühle bereithält, wie es Moderatoren und Gruppensprecher gibt. Zusätzlich wird ein weiterer freier Stuhl in den Innenkreis gestellt.
- Die übrigen Schülerinnen und Schüler nehmen auf Stühlen in einem äußeren Stuhlkreis Platz.
- Die Gruppensprecherinnen oder Gruppensprecher und das Moderationsteam nehmen in dem inneren Stuhlkreis Platz und beginnen die Diskussion des Themas. Die Schülerinnen und Schüler des äußeren Stuhlkreises verfolgen aufmerksam die Diskussion und notieren gegebenenfalls Aspekte, die aus den anderen Gruppen eingebracht werden. Zudem haben sie die Aufgabe, den Ablauf der Diskussion zu beobachten, um den Diskutierenden anschließend ein Feedback zu geben (Kriterien s.u.). Die Besonderheit der Fishbowl-Diskussion besteht darin, dass die zuhörenden Schülerinnen und Schüler jederzeit die Möglichkeit haben, sich auf den freien Platz im inneren Kreis zu setzen und einen weiteren Aspekt einzubringen. Danach geben sie den Platz wieder frei und kehren in den Außenkreis zurück.
- Der zeitliche Rahmen für die Diskussion beträgt etwa 15–20 Minuten.
- Anschließend erfolgt ein Auswertungsgespräch, das sowohl Inhalt als auch Ablauf der Diskussion beinhaltet.

Impulse für die inhaltliche Auswertung:

- Zu welchem Ergebnis ist die Diskussion gekommen?
- Welche Aspekte waren besonders überzeugend?
- Teilt das Plenum die Ergebnislage?

Kriterien zum Ablauf der Diskussion:

- Sachlichkeit
- faires Diskussionsverhalten
- Verständlichkeit der Aussagen
- Überzeugungskraft

Blatt 2

Fishbowl-Diskussion zur Frage: Hat der Tabakhändler recht, wenn er sagt, dass alle Beteiligten in diesem Falle schuldig seien?

Auswertungsblatt für die Diskussion

Figur	Aspekte, die für das Schuldigsein der Figur(-engruppe) sprechen oder dieses relativieren	Grad der Schuld
Lehrer		
Z		
Eva		
Feldwebel		
Direktor		
Eltern		
Übrige Schüler		

Inhaltliches Fazit der Diskussion:

Feedback zum Ablauf der Diskussion:

Blatt 3

Fishbowl-Diskussion zur Frage: Hat der Tabakhändler recht, wenn er sagt, dass alle Beteiligten in diesem Falle schuldig seien?

Anleitung für das Moderatorenteam:

- Arbeiten Sie zu zweit. Lesen Sie den Infokasten (s. u.) zum Ablauf einer Fishbowl-Diskussion und klären Sie Ihr Verständnis in Ihrem Team.
- Überlegen Sie nun gemeinsam die Formulierungen für folgende Moderationsschritte:
  - Begrüßung der Teilnehmer und Zuschauer; Darlegung von Diskussionsthema, -ablauf und -ziel;
  - Kurzvorstellung jeder Teilnehmerin und jedes Teilnehmers und seiner/ihrer Figur und den erarbeiteten Grad der Schuld;
  - Eröffnung der Diskussion: Beginn mit welcher Figur; ggf. Aufforderung an die Teilnehmer und Zuschauer, relevante Aspekte zu ergänzen;
  - Moderationsintervention, wenn Beiträge als unsachlich oder unverständlich erscheinen oder die Diskutierenden sich nicht angemessen benehmen oder äußern;
  - Moderationsimpulse zur Anregung der Diskussion, wenn die Diskutierenden keine Beiträge mehr leisten; z. B. Anteil der Schuld des Lehrers an der Schuld der Schüler; Einfluss des Direktors auf den Lehrer …
  - Hinführung und Impulse zur abschließenden Klärung der Diskussionsfrage (Hat der Tabakhändler recht, wenn er sagt, dass alle Beteiligten in diesem Falle schuldig seien?), z. B.:

    Nachdem nun alle Figuren betrachtet worden sind, …

    Gibt es noch weitere Schuldige …

    Muss man noch andere Aspekte abgesehen von den Figuren berücksichtigen …
  - Beendigung der Diskussion: kurzes Fazit, Dank an die Diskutierenden und Zuhörenden und Verabschiedung
- Notieren Sie konkrete Sätze (am besten auf Karteikarten).
- Teilen Sie unter sich auf, wer welchen Part in der Moderation übernimmt.

* *Tempo-Aufgabe: Sollten Sie vor Ablauf der Vorbereitungszeit fertig sein, so lesen Sie das Kapitel »In der Wohnung« (S. 86–88), in dem der Satz des Tabakhändlers auftritt. Überlegen Sie, wie Sie den Kapitelinhalt in die Moderation aufnehmen können.*

Vorbereitungszeit: 30 Minuten

Information zur Fishbowl-Diskussion:

- Zu einem Thema werden zunächst mehrere Gruppen gebildet, die unterschiedliche Aspekte (häufig Pro- und Kontra-Argumente) zusammenstellen.
- Anschließend wird pro Gruppe eine Gruppensprecherin oder ein Gruppensprecher benannt.
- Im Klassen- oder Kursraum wird ein innerer Stuhlkreis gebildet, der so viele Stühle bereithält, wie es Moderatoren und Gruppensprecher gibt. Zusätzlich wird ein weiterer freier Stuhl in den Innenkreis gestellt.
- Die übrigen Schülerinnen und Schüler nehmen auf Stühlen in einem äußeren Stuhlkreis Platz.
- Die Gruppensprecherinnen oder Gruppensprecher und das Moderationsteam nehmen in dem inneren Stuhlkreis Platz und beginnen die Diskussion des Themas. Die Schülerinnen und Schüler des äußeren Stuhlkreises verfolgen aufmerksam die Diskussion und notieren gegebenenfalls Aspekte, die aus den anderen Gruppen eingebracht werden. Zudem haben sie die Aufgabe, den Ablauf der Diskussion zu beobachten, um den Diskutierenden anschließend ein Feedback zu geben (Kriterien s. u.). Die Besonderheit der Fishbowl-Diskussion besteht darin, dass die zuhörenden Schülerinnen und Schüler jederzeit die Möglichkeit haben, sich auf den freien Platz im inneren Kreis zu setzen und einen weiteren Aspekt einzubringen. Danach geben sie den Platz wieder frei und kehren in den Außenkreis zurück.
- Der zeitliche Rahmen für die Diskussion beträgt etwa 15–20 Minuten.
- Anschließend erfolgt ein Auswertungsgespräch, das sowohl Inhalt als auch Ablauf der Diskussion beinhaltet.

ARBEITSBLATT 7b

Wolf Kaiser: *Jugend ohne Gott*

»Aus dem Titel *Jugend ohne Gott* lässt sich ex negativo auf die im Roman angedeutete Gegenposition zum Zynismus im ›Zeitalter der Fische‹ schließen. Der Glaube an Gott, einen Gott der Wahrheit und Gerechtigkeit, birgt für Horváth die Möglichkeit einer Moral des Widerstands. Durch seine Begegnung mit Gott hat sich der Lehrer aus seiner Menschenverachtung und seinem Opportunismus befreien können. Seine Religiosität äußert sich nicht als Frömmigkeit, sondern bewährt sich praktisch durch Mut und Opferbereitschaft. Der Lehrer  gesteht vor Gericht die ihn belastende Wahrheit, erträgt Demütigungen und Beschimpfungen durch die Presse [vgl. 99] und nimmt sogar den Verlust seines Lehramtes in Kauf. Durch diesen Akt der Wahrhaftigkeit kann er sich aus seiner Isolation befreien, denn er gewinnt dadurch das Vertrauen oppositioneller Jugendlicher, die sich unter dem Eindruck seines Geständnisses in einem Klub zusammengeschlossen haben, um verbotene Bücher zu lesen und darüber zu reden, ›wie es sein sollte auf der Welt‹ [108]. Der Leitsatz dieses Klubs: ›Für Wahrheit und Gerechtigkeit‹ [111] benennt die Ideale, die Horváth der faschistischen Inhumanität entgegenstellt.«

Wolf Kaiser: Jugend ohne Gott – ein antifaschistischer Roman? In: Traugott Krischke (Hrsg.): Horváths Jugend ohne Gott. Frankfurt a. M.: Suhrkamp, 1984. S. 56–59. Hier zitiert nach: Ausgabe Reclam XL, S. 161.

1 **ex negativo:** eine Definition, die beschreibt, was ein Begriff nicht ist | 2 f. **Zynismus:** boshafter Spott

Arbeitsaufträge:

1. Lesen Sie die Deutung des Titels von Wolf Kaiser.
2. Erklären Sie anschließend seine Deutung mit eigenen Worten.
3. Prüfen Sie, ob Sie seine Deutung teilen können.

8 Was bleibt? – Mit Hilfe von Filmtrailer, Blogbeitrag, Klappentext und Advance Organizer Bilanz ziehen

Sachanalyse

Schon kurz nach seiner Entstehung erregte der Roman Aufsehen. Der Roman wurde am 26. Oktober 1937 vom Amsterdamer Verlag Allert de Lange ausgeliefert und bereits am 7. März 1938 im Deutschen Reich auf die »Liste des schädlichen und unerwünschten Schriftgutes« gesetzt. Es erfolgten rasch Verkäufe für die Übersetzungsrechte ins Französische, Schwedische, Niederländische, Tschechische, Dänische und Englische. Zwar waren die Erscheinungsmöglichkeiten eingeschränkt, die Rezeption war dennoch zahlreich und positiv.[1] Horváth hatte sich zunehmend einen guten Ruf als Exilautor erarbeitet. Thomas Mann schätzte den Roman, er nennt ihn 1937 »reizvoll« und hält fest, dass er ihm »in letzter Zeit lebhaften Eindruck gemacht hat.«[2] Sein früher Tod – Horváth starb bei einem tragischen Unfall am 1. Juni 1938 in Paris – beendete das bedeutsame künstlerische Schaffen.

Nach dem Ende des Zweiten Weltkriegs und des Dritten Reichs rückt zunächst das dramatische Werk Horváths in den Fokus der Aufmerksamkeit, erst seit den 1970er Jahren wird auch zunehmend das epische Werk in den Blick genommen. Mit Bewunderung wird festgestellt, wie früh und hellsichtig Horváth den erstarkenden Faschismus mit seiner menschlichen Grausamkeit beschrieben hat. Allerdings erfährt der Roman auch Ablehnung, so durch den berühmten Literaturkritiker Marcel Reich-Ranicki, der anlässlich des Erscheinens einer Gesamtausgabe 1970/71 in einer Rezension in der *Zeit* Horváths Prosa als »farblose[s] und sterile[s]«[3] Deutsch kennzeichnet.

Heutzutage, mehr als 80 Jahre nach seinem Erscheinen, findet das Buch immer noch Leserinnen und Leser und gehört zum heimlichen Schulkanon. Anschaulich wird das z. B. im Blogbeitrag auf *starting2read*, in dem eine junge Frau den Roman bespricht und vor allen Dingen bemerkenswert findet, dass er trotz seines Alters immer noch so aktuell ist.[4]

Die große Aufmerksamkeit für das Werk lässt sich auch an den Dramatisierungen und Verfilmungen ablesen. So gehörte die Aufführung des dramatisierten Romans zum Programm der Salzburger Festspiele 2019 und fand ein breites Echo in den Feuilletons.[5]

Mehrere Verfilmungen erfuhr das Werk im 20. Jahrhundert, sowohl in der BRD als auch in der DDR. Eine sehr moderne Verfilmung legte Alain Gsponer 2017 vor, die mit Jannis Niewöhner, Fahri Yardım, Emilia Schüle und Anna Maria Mühe (deren Vater Ulrich Mühe in der Verfilmung von 1991 den Lehrer spielte) äußerst prominent besetzt ist und die den Geist der *Tribute von Panem* atmet. Der Film wurde von der Deutschen Film- und Medienbewertung mit dem Prädikat »besonders wertvoll« versehen. Allerdings entfernt sich diese Verfilmung im Gegensatz zu den früheren weit von der Romanvorlage. Die Handlung wird in eine nahe Zukunft gelegt, in der die Menschen nach Zonen getrennt leben, je nachdem wie produktiv sie für die Gesellschaft sind. Es herrscht ein harter Konkurrenzkampf, den auch die Jugendlichen zu spüren bekommen. Sie werden in ein Assessment-Lager in den Bergen geschickt, wo sie sich beweisen müssen, um einen Platz an einer begehrten Universität zu bekommen. Der Mord, das Lesen des Tagebuchs, die Liebe zu der ›illegalen‹ Eva, die Gerichtsverhandlung – diese Erzähldetails werden durchaus aufgegriffen, aber schließlich zu einem anderen Ende geführt. Der Regisseur, der den Roman selbst als Jugendlicher in der Schule gelesen und geschätzt hat, führt in einem Interview aus, dass er die Geschichte modernisieren wollte, damit der Film die Zielgruppe – junge Menschen – auch anspricht.[6] In seiner Startwoche landete der Film auf Platz 7 der Kinocharts.[7]

1 Vgl. Klaus Kastberger und Evelyne Polt-Heinzl, *Erläuterungen und Dokumente. Ödön von Horváth: »Jugend ohne Gott«*, Stuttgart 2010 [u. ö.], S. 70.

2 Ebd., S. 71.

3 Ebd., S. 100.

4 starting2read.wordpress.com/2017/11/10/jugend-ohne-gott-buchbesprechung (Stand: 15. 6. 2020).

5 So z. B. im Deutschlandfunk Kultur: Martin Pesl, »Eine lupenreine Literaturadaption«, in: *Deutschlandfunk Kultur* (28. 7. 2019), www.deutschlandfunkkultur.de/ostermeiers-jugend-ohne-gott-in-salzburg-eine-lupenreine.1013.de.html?dram:article_id=454977 (Stand: 23. 3. 2020). Ebenso in der *FAZ*, der *Zeit* oder *Welt*.

6 Vgl. Corinna Gall, »Regisseur Alain Gsponer: ›Die Jugend kennt keine Werte mehr‹«, in: *Aargauer Zeitung* (27. 8. 2017), www.aargauerzeitung.ch/kultur/film/regisseur-alain-gsponer-die-jugend-kennt-keine-werte-mehr-131643976 (Stand: 23. 3. 2020).

7 Vgl. www.insidekino.com/DTop10/17/DTop17AUG31.htm (Stand: 23. 3. 2020).

Unterrichtsverlauf

Überblick. Die Abschlusseinheit einer Unterrichtsreihe ist von besonderem Gewicht. Sie nimmt die Bedeutung eines Werks und die geleistete Unterrichtsarbeit in den Blick. Zunächst wird mit Hilfe der Kugellager-Methode die Hausaufgabe ausgewertet. Durch den Vergleich Roman – Trailer wird das dem Roman innewohnende sozialkritische Potenzial in den Blick genommen. Im Anschluss daran wird ein Blogbeitrag zum Roman besprochen, der dem Werk eine hohe Aktualität bescheinigt; inwieweit die Schülerinnen und Schüler diese Meinung teilen, wird im Plenum geklärt. Dann wird die weitere Hausaufgabe in Form einer abgewandelten Schreibkonferenz abgerufen (Klappentexte, die erkennen lassen, welche Aspekte des Romans der Lerngruppe relevant erscheinen). Abschließend wird ein ›Siegertext‹ ausgewählt. Zum Schluss sollen die Kursmitglieder unter Rückgriff auf den Advance Organizer Bilanz zur Unterrichtsreihe ziehen. Ein Blitzlicht bezüglich der Frage, wie sich nun der Blick auf den Roman gestaltet, schließt die Unterrichtsreihe und die Unterrichtseinheit ab. Falls die Lehrkraft möchte, kann sie sich mittels des angebotenen Feedback-Bogens eine Rückmeldung zur Unterrichtsreihe geben lassen. ! **Verkürzter Verlauf: 8.1 – 8.3 – 8.4**

Phase	Thema	Sozialform	Kompetenzen und Lernziele	Materialien
8.1	Die Verfilmung als Hinführung zur Romanrezeption	PA (Kugellager)	• Erste Unterschiede Roman – Verfilmung entdecken	VORLAGE 8a ➤ S. 80 TAFELBILD 8a ➤ S. 80
8.2 **fakultativ**	Blogbeitrag	EA / UG	• Romanbewertung untersuchen und bewerten	ARBEITSBLATT 8a ➤ S. 84
8.3	Besprechung der Klappentexte	GA (Schreibkonferenz)	• Kriterienorientiert Rückmeldung geben	ARBEITSBLATT 8b ➤ S. 86
8.4	Bilanz ziehen	EA / UG (Blitzlicht)	• Erkenntnisse vergegenwärtigen und abschließend Position zum Roman beziehen	VORLAGE 1b ➤ S. 8
8.5 **fakultativ**	Feedback zur Unterrichtsreihe für die Lehrkraft	EA	• Feedback geben	ARBEITSBLATT 8c ➤ S. 87

8.1 Die Verfilmung als Hinführung zur Romanrezeption

Unterrichtsschritt. Als Einstieg in die Romanrezeption wird der Weg der Kugellager-Methode für den Austausch über den Trailer gewählt, um eine möglichst intensive Schülerbeteiligung und Motivierung zu erreichen. Die Schülerinnen und Schüler erhalten dazu die VORLAGE 8a ***Arbeitsauftrag zum Filmtrailer.*** Die Trailerauswertung, die anschließend im Plenum gebündelt wird (TAFELBILD 8a), zeigt auf, dass der Roman das Potenzial besitzt, auf die moderne Gesellschaft adaptiert zu werden.

PA
(Kugellager)

VORLAGE 8a
➤ S. 80
TAFELBILD 8a
➤ S. 80

Erläuterungen. Das Schauen von Filmen (beziehungsweise Serien) entspricht eher dem medialen Konsumverhalten junger Menschen als das Lesen von Büchern. Insofern kann der mediale Verbund fruchtbar gemacht werden, um zum Abschluss der gesamten Unterrichtsreihe die Motivation nochmals zu stärken und den Weg in die eher über Sachtexte transportierte Rezeption zu ebnen.

Zur Methode: In das Kugellager muss sich jede Schülerin und jeder Schüler einbringen und agiert im geschützten Raum. Dies entspricht zumindest in Ansätzen der natürlichen Kommunikationssituation nach dem Schauen eines Films oder Clips – man tauscht sich darüber aus, ohne direkt eine Bewertung der eigenen Ansichten fürchten zu müssen.

Schon der Trailer zeigt deutlich, dass im Film große Veränderungen vorgenommen wurden: Das Geschehen wird in eine nahe Zukunft verlegt, in der die Menschen in untere Klassen, die in ärmlichen Vierteln leben, und in eine Elite eingeteilt ist. Man darf den zugewiesenen Sektor nicht verlassen, dann wird man ›illegal‹, wie es bei Eva der Fall ist. Es herrscht ein großer Konkurrenzkampf. Die Jugendlichen werden in ein Assessment-Camp ge-

VORLAGE 8a

Arbeitsauftrag zum Filmtrailer (Kugellager)

Sie haben sich zu Hause den Trailer der Verfilmung aus dem Jahr 2017 angeschaut. Im Folgenden werden Sie sich über Ihre Seheindrücke austauschen.

Bilden Sie dazu ein **Kugellager**. Das bedeutet, es gibt einen Innenkreis und einen Außenkreis mit jeweils derselben Anzahl an Schülerinnen und Schülern. Stellen Sie sich so hin, dass Sie Ihr Gegenüber anschauen können. Tauschen Sie sich über den ersten Impuls aus. Nach dem Stoppsignal drehen diejenigen, die außen stehen, sich einen Platz nach links weiter, so dass Sie nun einen anderen Gesprächspartner haben. Mit ihm oder ihr sprechen Sie über den nächsten Impuls. Das Verfahren wiederholt sich, bis die Lehrkraft Sie bittet, das Kugellager aufzulösen und wieder die ursprüngliche Sitzordnung einzunehmen. Im anschließenden Plenum werden Ihre Ideen aufgegriffen und gebündelt.

Impulse für das Kugellager:
1. Welche Eindrücke haben Sie aus dem Trailer mitgenommen?
2. Was kam Ihnen bekannt vor?
3. Welche Unterschiede konnten Sie ausmachen?
4. Wie erklären Sie die Abänderungen zur Romanvorlage?
5. Hat der Trailer Ihr Interesse geweckt, den Film zu sehen und warum bzw. warum nicht?

TAFELBILD 8a

Vergleich Roman – Trailer

	Roman	Trailer
Perspektive	• Aus der Sicht des Lehrers	• Aus der Sicht eines Schülers
Zeit	• Unbestimmt; Gegenwart des Autors	• Nahe Zukunft
Staat/Gesellschaft	• Faschistischer Staat	• Futuristischer Überwachungsstaat
Ort	• Unbestimmte Stadt – Zeltlager in den Bergen	• Zweigeteilte Stadt (reiche – arme Viertel) – Assessment Center in den Bergen
Hauptfiguren	• Lehrer und seine Jungenklasse • Einige Erwachsene • Eva und ihre Bande	• Gemischtgeschlechtliche Schülergruppe • Illegale, darunter Eva
Funktion des Klassenausflugs	• Paramilitärische Ausbildung	• Elitenauslese für die Universität
Geschehen während des Ausflugs	• Mord an einem Schüler • Liebesgeschichte Z – Eva	• Tod einer Schülerin • Liebesgeschichte erzählender Schüler – Eva
Atmosphäre	• Kalt	• Kalt, grausam

➤ Beibehaltung von Grundkonstellationen, aber Transferierung in eine dystopische Zukunft; Fokussierung auf Jugendliche als Opfer der Gesellschaft
➤ Beibehaltung des Grundpotenzials des Romans, gesellschaftliche Missstände aufzuzeigen

schickt, in dem eine Bestenauswahl für die Universität stattfindet. Es gibt eine absolute Überwachung; so wird den Jugendlichen ein Sender unter die Haut gespritzt, damit sie stets lokalisierbar sind. Die Gruppe der Jugendlichen ist gemischtgeschlechtlich. Ermordet wird ein junges Mädchen; wiederum ist die kriminelle Eva die Hauptverdächtige. Es gibt eine Liebesbeziehung zwischen Eva und dem Schüler, aus dessen Perspektive (statt aus der des Lehrers) erzählt wird (wobei im Film die Perspektive mehrfach wechselt). Dieser Schüler charakterisiert die Welt als kalt und grausam.

Die Veränderungen kommen gegebenenfalls einem heutigen jugendlichen Publikum entgegen. So steht nicht rassistische oder faschistische Ideologie im Zentrum, sondern die erbarmungslose Elitenbildung und die inhumane Einteilung der Menschen in Verlierer und Gewinner. Diesem System kann man sich kaum entziehen, da es sich um einen Überwachungsstaat handelt. Der Film trägt in Teilen dystopische Züge, erinnert an die Verfilmung der *Tribute von Panem*, in der ebenfalls in einer zukünftigen Welt die Menschen in ärmliche und wohlhabende Distrikte eingeteilt sind und jugendliche Protagonisten sich in einem erbarmungslosen Kampf behaupten müssen.

8.2 Blogbeitrag (fakultativ)

Unterrichtsschritt. Mit dem Hinweis, dass eine Bloggerin erst durch die Verfilmung auf den Roman aufmerksam geworden ist, leitet die Lehrkraft den Unterrichtsschritt ein. Die Buchbesprechung wird anschließend in Einzelarbeit gelesen (ARBEITSBLATT 8a ***Blogeintrag zu »Jugend ohne Gott«***), dabei erhalten die Schülerinnen und Schüler einen Leseauftrag zum Unterstreichen relevanter Textstellen. Dies beschleunigt die anschließende Besprechung im Plenum und ermöglicht es, immer wieder den Textbezug herzustellen. Für schnellere Schülerinnen und Schüler wird zur Differenzierung eine Tempo-Aufgabe angeboten, die eine realistische Situation aufgreift: Man verfasst einen Kommentar. Im anschließenden Auswertungsgespräch, in dem zunächst Inhalt und Wertung der Buchbesprechung besprochen werden, wird die Tempo-Aufgabe aufgegriffen, denn abschließend soll unbedingt die eigene Meinung der Schülerinnen und Schüler zum Blogbeitrag abgerufen werden.

EA / UG

ARBEITSBLATT 8a
➤ S. 84

Medientipp. Die Schülerinnen und Schüler können auch selbst auf die Blogseite gehen, den Artikel dort lesen und einen Kommentar hinterlassen.

Impuls zur Überleitung:

- Die Verfilmung gab für eine junge Bloggerin den Ausschlag, *Jugend ohne Gott* zu lesen und auf ihrem Blog *Starting2Read* einen Beitrag zu dem Roman zu verfassen. Sie gab dem Werk vier Sterne, das bedeutet in ihrer Wertung »Ein tolles Buch, an dem es kaum etwas auszusetzen gibt und das wärmstens weiterzuempfehlen ist«.

Impulse für das Auswertungsgespräch im Plenum:

- Welche Informationen zu Werk und Autor hat die Bloggerin ausgewählt und warum?
- Wie bewertet sie den Roman – und wie begründet sie das?
- Wie gefällt Ihnen der Blogbeitrag?
- Welchen Kommentar würden Sie der Bloggerin hinterlassen?

Erläuterungen. Nicht nur für den Literaturwissenschaftler ist es von Interesse zu untersuchen, wie ein Werk aufgenommen wird. Heutzutage wird Rezeption nicht ausschließlich im Feuilleton zum Ausdruck gebracht, sondern auch in sozialen Netzwerken. Jugendliche bewegen sich dort mit großer Selbstverständlichkeit, allerdings liegen ihre Interessen bezüglich Instagram, Youtube oder Blogs eher im Bereich von Lifestyle-Themen. Insofern bietet ihnen die Auseinandersetzung mit einem Beitrag aus einem Literaturblog einer jungen Frau einen Blick auf ein etwas anderes Blogthema. Sie sehen, dass der Roman (freiwillig) gelesen und besprochen wird und trotz seines Alters aktuelle Bezüge hergestellt werden können.

Die Bloggerin beginnt ihren Beitrag – nach dem Hinweis zur Verfilmung – mit einem kurzen biografischen Hinweis zu Horváth mit Verweis auf weitere Werke.

Dann wendet sie sich dem Roman zu und verortet ihn zeitlich und gibt erste Einblicke in den Romaninhalt (»Worum geht es?«). Sie konzentriert sich auf die Figur des Lehrers und beschreibt die Episode um den ›Kolonien-Aufsatz‹ als Beginn der Auseinandersetzung des Lehrers mit dem System. Die Kriminalgeschichte wird dagegen nur gestreift, die Rezensentin spricht in untertreibender Weise und nicht ganz zutreffend von einem »tragischen Zwischenfall«.

Den Hauptteil der Buchbesprechung macht der folgende Teil »Aktuelle Gesellschaftskritik« aus. Die Bloggerin zeigt umfassend, worin das kritische Potenzial des Romans liegt. Was ihr dabei besonders gefällt, ist die Tatsache, dass Horváth nicht den didaktischen Zeigefinger erhoben hat. Sie lobt in diesem Zusammenhang auch Sprachverwendung und Stil, die, wie sie schreibt, zur Wirkung des Romans beitragen, vor allen Dingen die Metaphorik und die inneren Monologe.

Im letzten Absatz zeigt sie auf, wie aktuell der Roman trotz seiner mehr als 80 Jahre ist, indem sie ihn in Bezug zu heutigen gesellschaftlichen Problemen wie Finanzskandale, Sexismus und erneut erstarkendem Rechtsradikalismus setzt. Vor allen Dingen stellt sie die Verbindung zum heutigen Leser her, wenn sie konstatiert, dass Passivität angesichts gesellschaftlicher Widrigkeiten ein Luxus ist, so wie der Lehrer in der Romanhandlung es zunächst handhabte, bevor er erkannte, dass er das Unrecht nicht mehr mittragen kann. Diesen Konflikt des Lehrers und seine Entwicklung könne man gut nachvollziehen.

So fällt die Rezensentin also ein positives Urteil über den Roman, und sie bedauert, ihn erst nun entdeckt zu haben. Sie sieht die Stärke des Buchs in seiner erschreckenden Aktualität.

8.3 Besprechung der Klappentexte

GA (Schreibkonferenz)

ARBEITSBLATT 8b ➤ S. 86

Unterrichtsschritt. Nicht nur die Bloggerin, auch die Schülerinnen und Schüler haben über den Roman geschrieben und als Hausaufgabe einen Klappentext vorbereitet; dieser wird im Folgenden besprochen. Um jeder Schülerin und jedem Schüler eine Rückmeldung zu ermöglichen und alle zu beteiligen, wird eine Variation der Schreibkonferenz gewählt. Diese wird zur Verdeutlichung der Verlagsarbeit ›Redaktionskonferenz‹ genannt (ARBEITSBLATT 8b ***Redaktionskonferenz***). Es werden Konferenzen zu je vier bis fünf Teilnehmerinnen und Teilnehmern gebildet, die sich an Gruppentischen zusammenfinden. Nun liest der oder die Erste den Klappentext vor, die anderen hören aufmerksam zu und geben kriteriengestützt eine Rückmeldung und gegebenenfalls Verbesserungsvorschläge. Danach ist der oder die Nächste an der Reihe. Wenn alle Klappentexte gehört wurden, entscheidet die Gruppe, welcher Klappentext ins Plenum eingebracht wird, in dem schließlich der Klappentext gewählt wird, der für den Verlag gewählt werden soll. Im Reflexionsgespräch wird auf der schreibmethodischen Seite besprochen, was die Texte als brauchbar erscheinen lässt, und auf der inhaltlichen Seite, welche inhaltlichen Aspekte in den Klappentexten aufgegriffen wurden.

Impulse für das Auswertungsgespräch im Plenum
- Lesen Sie den ausgewählten Gruppentext. Erläutern Sie anschließend, warum Ihre Gruppe diesen Text ausgewählt hat.
- Entscheiden Sie sich nun für den Text, der gedruckt werden soll. Begründen Sie Ihre Entscheidung.
- Welche gelungenen Gestaltungsaspekte konnten Sie in den vorgestellten Texten ausmachen?
- Welche inhaltlichen Aspekte des Romans wurden für die Klappentexte ausgewählt und warum?

Erläuterungen. Klappentexte sind ein gängiges Werbemittel für das jeweilige Buch. Mit ihnen möchte der publizierende Verlag Neugierde auf das Buch wecken und im günstigen Fall eine Kaufentscheidung herbeiführen. Mögliche Aspekte für einen Klappentext zu *Jugend ohne Gott* sind beispielsweise seine Entstehungszeit (dabei ggf. auch das Verbot des Werks und die rasch erfolgten Übersetzungen), seine hellsichtige Beschreibung der Auswirkungen einer faschistischen Ideologie auf Gesellschaft und Individuum oder der Kriminalfall.

Zur Methode der Schreibkonferenz gibt es leicht unterschiedliche Beschreibungen, hier in Anlehnung an: Jasmin Merz-Grötsch, *Texte schreiben lernen. Grundlagen, Methoden, Unterrichtsvorschläge*, Seelze 2010, S. 90.

EA / UG (Blitzlicht)

8.4 Bilanz ziehen

Karten, Eddings

VORLAGE 1b ➤ S. 8

Unterrichtsschritt. Zur Abrundung der Unterrichtseinheit wird auf VORLAGE 1b ***Advance Organizer*** zurückgegriffen. Der Advance Organizer bildet ab, was in der Unterrichtsreihe erarbeitet werden sollte. Nun können sich die Schülerinnen und Schüler noch einmal vergegenwärtigen, welche Erkenntnisse sie bei der Romanuntersuchung gewonnen haben. Einzelne Erkenntnisse sollen auf Karten festgehalten werden – dazu muss die Lehrkraft jedem Kursmitglied 5–10 Karten und Eddings zur Verfügung stellen. Die Karten werden an eine Pinnwand o. Ä. angebracht – Teil der Aufgabe ist dabei, dass die Karten gleich geordnet angebracht werden. Ggf. kann die Struktur aber auch anschließend gemeinsam erstellt werden. Für die anschließende Lesbarkeit der Karten muss gesorgt werden, z.B. durch Abfotografieren und Projizieren über einen Beamer (oder Gruppen von 4–8 Schülerinnen und Schüler gehen nacheinander zur Tafel). Es wird sich vermutlich zeigen, dass viele Erkenntnisse zusammengekommen sind. Mit einem knappen Impuls fordert die Lehrkraft auf, sich zu dem Kartenbild zu äußern. Damit nicht nur der Blick auf den Erkenntnisgewinn, sondern auch auf individuelle Rezeption zum Abschluss gelegt wird, erhalten die Schülerinnen und Schüler einige Minuten Zeit, darüber nachzudenken, wie sich ihr Blick auf den Roman im Lauf der Unterrichtsreihe verändert hat. In einem Blitzlicht, also jedes Kursmitglied äußert sich der Reihe nach, werden diese dann gesammelt. Die Lehrkraft kann dabei den Schlusspunkt setzen und auch ihre Eindrücke benennen.

Impuls zur Überleitung:

- Sie haben sich nun lange und intensiv mit dem Roman auseinandergesetzt – nun ist es Zeit, Bilanz zu ziehen.

Arbeitsauftrag für die Einzelarbeit:

- Betrachten Sie unseren Advance Organizer (VORLAGE 1b). Gehen Sie die einzelnen Untersuchungsaspekte noch einmal gedanklich durch und überlegen, was Ihnen in Erinnerung geblieben ist. Notieren Sie Stichpunkte auf den Karten. Bringen Sie diese anschließend auf der Tafel an.

Auswertungsimpuls:

- Was zeigt das Kartenbild?

Arbeitsauftrag zur Vertiefung und zum Blitzlicht:

- Wie hat sich Ihr Eindruck vom Roman im Lauf der Unterrichtsreihe entwickelt? Denken Sie noch einmal an die erste Unterrichtseinheit zurück, als Sie das Karussellgespräch geführt haben. Wie schauen Sie jetzt auf den Roman? Sie haben einige Minuten, um in sich zu horchen. Anschließend führen wir ein Blitzlicht durch, in dem jeder und jede sich äußert. Jede Äußerung ist willkommen – wenn sie sachlich vorgetragen wird.

Erläuterung. Beim Betrachten des Advance Organizer wird den Schülerinnen und Schülern deutlich, welche Arbeit sie geleistet und welche Erkenntnisse sie im Verlauf der Unterrichtsreihe erworben haben. Dies wird sicherlich ihren Blick auf den Roman verändert haben. Es ist nicht unbedingt zu erwarten, dass sie deshalb den Roman als private Lektüre schätzen, aber sie vergegenwärtigen vielleicht die künstlerische Gestaltung des Werks und seine zeitlose Aktualität.

8.5 Feedback zur Unterrichtsreihe für die Lehrkraft (fakultativ)

EA

Unterrichtsschritt. Falls die Lehrkraft es wünscht, kann sie den Schülerinnen und Schülern den Feedback-Bogen (ARBEITSBLATT 8c *Rückmeldebogen zur Unterrichtsreihe »Jugend ohne Gott«*) austeilen und um eine anonyme Rückmeldung zur Unterrichtsreihe bitten.

ARBEITSBLATT 8c › S. 87

Es gibt verschiedene Möglichkeiten, wie mit den Bögen verfahren werden kann. Die Lehrkraft kann sie auswerten, oder sie bittet Schülerinnen und Schüler, dies zu tun.

Erläuterung. Die Ergebnisse sollten den Schülerinnen und Schülern zugänglich gemacht werden. Sinnvoll ist, auffällige Ergebnisse im Plenum zu besprechen und gemeinsam zu überlegen, wie es zu dem Ergebnis gekommen ist und was gegebenenfalls bei der nächsten Unterrichtsreihe verändert werden könnte.

Medientipp. Feedback kann auch mittels verschiedener Apps eingeholt werden. In Forms von Office 365 existiert diese Möglichkeit. Edkimo ist ebenfalls eine App, die in Echtzeit Ergebnisse visualisiert. Lohnenswert ist auch eine Anmeldung bei SEfU (Schüler als Experten für Unterricht). Dort gibt es fertige Rückmeldebögen, die die Schüler per Eingabecode dann jeweils einmal ausfüllen können (sefu-online.de).

Blogeintrag zu *Jugend ohne Gott*

Arbeitsaufträge:

1. Lesen Sie die folgende Rezension ›mit dem Bleistift‹, das heißt unterstreichen Sie in einer Farbe die Textstellen, die Informationen zum Buch beinhalten, und in einer anderen Farbe die, die die Wertung und deren Begründung der Bloggerin aufzeigen.

*2. *Tempo-Aufgabe: Die Bloggerin bittet auf ihrem Blog um Kommentare. Was würden Sie ihr schreiben? Notieren Sie Ihre Ideen.*

»Jugend ohne Gott« | Buchbesprechung

Veröffentlicht am 10. November 2017 von starting2read

Am 31. August 2017 kam *Jugend ohne Gott* (Regie: Alain Gsponer) in die deutschen Kinos. Die Romanvorlage stammt von Ödön von Horváth und wurde bereits 1937 publiziert. Geboren als Sohn eines österreichisch-ungarischen Diplomaten, lebte Horváth von 1901 bis 1938. Neben *Jugend ohne Gott* verfasste er noch weitere zeit- und gesellschaftskritische Werke wie *Ein Kind unserer Zeit* oder *Der ewige Spießer*.

Worum geht es?

In den 1930ern. Der Ich-Erzähler: Ein Lehrer, Geschichte und Geographie, Anfang dreißig. Er unterrichtet gerne, schließlich verspricht der Lehrerberuf einen sicheren Broterwerb. Er selbst ist nicht sonderlich politisch, schwimmt mit dem Strom, versucht Konflikten aus dem Weg zu gehen, um sein ruhiges und sicheres Leben nicht zu gefährden. Bis seine Schüler dann eines Tages einen Aufsatz zum Thema »Warum müssen wir Kolonien haben?« schreiben sollen, und er zu bedenken gibt, dass doch »Neger« auch Menschen seien. Ein kleiner Skandal. Von da an ist er gezwungen, sich mit dem System auseinanderzusetzen. Und als es während eines Klassenausfluges noch zu einem tragischen Zwischenfall kommt, gerät sein bequemes Leben endgültig aus den Fugen. […]

Aktuelle Gesellschaftskritik

Es ist eine Geschichte von Schuld und Verantwortung, aber auch von Konformität, Emanzipation und Selbstbestimmung. Hinter *Jugend ohne Gott* verbirgt sich eine umfassende Gesellschaftskritik: Kritik an der Kirche, Kritik an der schweigenden Mehrheit und am opportunen Einzelnen, Kritik an den machthabenden Eliten. Zunehmender Werteverfall und Verrohung werden angeprangert. Weil sich der Ich-Erzähler allerdings selbst inmitten all dieser Konflikte befindet, gelingt es Horváth, in seinem Roman ohne den berühmten erhobenen Zeigefinger auszukommen.

Vom Aufbau her erinnert der Roman an Juli Zehs *Corpus Delicti*, da beide Male eine Straftat die Rahmenhandlung für sowohl eine erhebliche Charakterwandlung als auch ein gesellschaftskritisches Traktat bietet.

24 Juli Zehs *Corpus Delicti*: Theaterstück und Roman der Schriftstellerin Juli Zeh, in dem es um einen Staat in der Zukunft geht, der seinen Bürgern eine Gesundheitsdiktatur auferlegt | **26 Traktat:** Abhandlung, auch Streitschrift

Der Roman spielt in einer Zeit, in welcher es die Aufgabe von Lehrer und Schule ist, die Kinder moralisch zum Krieg zu erziehen. Eine Propagandamaschinerie diktiert Lehrinhalte und Meinungen und sorgt auf diese Weise dafür, dass auch das Private öffentlich wird. Persönliches wird politisch – und das muss auch der Ich-Erzähler am eigenen Leib erfahren. Denn für Zweifel und abweichende Ansichten wird er zur Rechenschaft gezogen und so schließlich gezwungen, seine apolitische Haltung aufzugeben (ähnlich der Mia Holl in *Corpus Delicti*).

Aufgrund der sehr kurzen Kapitel liest sich der Roman sehr schnell. Die vielen kurzen Sätze und Gedankensprünge und die teilweise geradezu abgehackte Sprache tragen zusätzlich zu diesem hohen Erzähltempo bei. Horváths Sprache ist bildgewaltig und reich an Metaphern. So wird beispielsweise wiederholt vom *Zeitalter der Fische* gesprochen, in welchem sich die Gesellschaft nur noch aus kalten regungslosen Individuen zusammensetzt und ihren Zusammenhalt verliert. Die Bilder, welche Horváth kreiert, tragen entscheidend zur Wirkung des Romans bei. Überdies ermöglichen die zahlreichen inneren Monologe dem Leser, sich gut in die Gedankenwelt des Ich-Erzählers einzufühlen.

In Zeiten von Paradise Papers und Sexismusdebatte fügt sich *Jugend ohne Gott* nahtlos in den gesellschaftlichen Diskurs ein. Eine wohlhabende Minderheit regiert geradezu unangetastet, während die ehemaligen Mitarbeiter eines stillgelegten Sägewerks rasch von dem Radar von Kirche und Gesellschaft verschwinden. Und ähnlich missachtet werden Frauen, welche sich nicht in tradierte Rollenbilder einfügen. So haben sich auch die verschwitzten, Rucksack tragenden Mädchen jenem weiblichen Ideal entsagt. Es gipfelt die Rollenkritik schließlich im Bild der seit jeher sündigen Eva, die wild und selbstbestimmt lebt, ohne sich dem Mann unterzuordnen. Vielleicht macht gerade das auch die Anziehung aus, die sie auf den Lehrer hat. Wenn Horváth schreibt, »[der Feldwebel] würde schon ganz gerne [...] eine stramme Kellnerin hinten hineinzwicken« [48,5 ff.], so braucht es nicht viel Phantasie, um an die aktuelle Sexismusdebatte erinnert werden. Beinahe fühlt es sich so an, als wäre seit dem Erscheinen des Buches kaum Zeit vergangen – denn obwohl Horváths Werk schon nun mehr achtzig Jahre alt ist, verfügt es über enorme Aktualität. Themen wie Opportunismus und Mitläufertum sind heute, da politische Extreme und antidemokratische Bewegungen an Einfluss gewinnen, wieder relevanter als vielleicht noch vor zehn oder zwanzig Jahren. Es ist ein Luxus, sich nicht politisch positionieren zu müssen und sich, wie der Lehrer, ohne eindeutig Stellung zu beziehen, ein gutes und ruhiges Leben sichern zu wollen. Und so kommt auch für ihn der Punkt, an welchem er sich fragen muss, wieviel er bereit ist (widerstandslos) mitzutragen, um seine Pension nicht zu gefährden. Diesen Zwiespalt und die einhergehende Entwicklung des Ich-Erzählers beschreibt Horváth sehr gut und einfühlsam.

Leider hatte ich vor der Verfilmung noch nichts von *Jugend ohne Gott* gehört, bin aber sehr froh, nun auf diesen Roman aufmerksam geworden zu sein, denn hinter Horváths Werk versteckt sich ein sehr lesenswertes und erschreckend aktuelles Buch, welches ich nur wärmstens weiterempfehlen kann!

starting2read.wordpress.com/2017/11/10/jugend-ohne-gott-buchbesprechung (Stand: 23.3.2020)

40 Paradise Papers: Finanzskandal, der 2017 aufgedeckt wurde und aufzeigte, wie große Konzerne wie Apple oder Facebook, aber auch Politiker Geld waschen, um damit Steuerhinterziehung zu betreiben | **40 Sexismusdebatte:** Unter dem Hashtag #aufschrei twittern Frauen seit 2013 darüber, wie sie im Alltag sexistisch benachteiligt werden, unter #metoo über sexuelle Belästigungen. | **41 Diskurs:** bildungssprachlich für Diskussion | **42 f. von dem Radar … verschwinden:** nicht mehr beachtet werden

Redaktionskonferenz

Situation: Stellen Sie sich vor, der Verlag muss unter den vorgeschlagenen Klappentexten entscheiden, welcher abgedruckt wird. Sie bilden eine Redaktionskonferenz, die die Texte begutachtet und sich letztlich für einen entscheiden muss, der in die engere Auswahl kommt.

Gehen Sie so vor:

- Bilden Sie 4–5er Gruppen und finden sich an Gruppentischen ein.
- Machen Sie sich mit den Kriterien vertraut (siehe Kasten unten).
- Nun liest der oder die Erste seinen oder ihren Klappentext vor, gegebenenfalls auch zweimal, wenn die Zuhörerinnen und Zuhörer dies wünschen.
  Wenn der oder die Vortragende möchte, kann er oder sie eine Protokollantin oder einen Protokollanten beauftragen, der oder die die Rückmeldung in Stichworten mitschreibt.
- Die Gruppenmitglieder geben nun eine erste Rückmeldung, die die Stärken des Textes benennt. Bitte achten Sie darauf, den Schreiber oder die Schreiberin bei der Rückmeldung direkt anzuschauen und anzusprechen (z. B. Dir ist es gut gelungen, den Romaninhalt knapp zu umreißen, ohne zu viel zu verraten.)
- Als zweite Rückmeldung nennen die Gruppenmitglieder Textstellen, die unklar, ungenau oder sprachlich ungeschickt sind, und schlagen gegebenenfalls Möglichkeiten der Verbesserung vor. Der Klappentext darf in wertschätzender Weise diskutiert werden, also der Schreiber oder die Schreiberin kann auf die genannte Kritik reagieren.
- Abschließend fasst die Verfasserin oder der Verfasser zusammen, was sie oder er aus der Besprechung mitnimmt.
- Nun wird der nächste Text vorgelesen. Der Ablauf ist derselbe.
- Es wird so lange verfahren, bis alle ihren Text vorstellen konnten.
- Als letzten Schritt wählt die Gruppe aus, welcher Klappentext im Plenum vorgestellt werden soll.

* *Tempo-Aufgabe, wenn Ihre Gruppe schneller fertig sein sollte: Überarbeiten Sie den ausgewählten Text anhand der genannten Kritikpunkte. Überlegen Sie auch, wie Sie dem Plenum erklären, warum die Gruppe sich für diesen Text entschieden hat.*

Kriterien für den Klappentext:

1. Kurzer Text von circa 100–200 Wörtern
2. Kurze biografische Anmerkungen oder Entstehungszeit
3. Relevante Aussagen zum Romaninhalt; evtl. auch Bedeutung des Werks
4. Neugierde auf das Werk erzeugt
5. Sachlicher, formaler Schreibstil (z. B. keine gesprochene Sprache, unvollständige Sätze)
6. Leserperspektive beachtet (z. B. kein Vorwissen voraussetzen oder zu viel verraten)

ARBEITSBLATT 8c

Rückmeldebogen zur Unterrichtsreihe *Jugend ohne Gott*

Bitte kreuzen Sie an, wie die Aussage auf Sie zutrifft: von »besonders« (ganz links) bis »gar nicht« (ganz rechts); ergänzen Sie ggf. Kommentare. Vielen Dank für Ihre Rückmeldung.

1. Ich halte den Roman als Unterrichtsgegenstand für sinnvoll.

☐ ☐ ☐ ☐ ☐

2. Der Advance Organizer war hilfreich für den Überblick über die Reihe.

☐ ☐ ☐ ☐ ☐

3. Ich habe den Roman verstanden.

☐ ☐ ☐ ☐ ☐

Sollten Sie noch Unsicherheiten haben, dann schreiben Sie auf, welche:

....

....

4. Die methodische Gestaltung der Stunden war zielführend und abwechslungsreich.

☐ ☐ ☐ ☐ ☐

5. Ich habe Wissen zur Analyse von Romanen erworben.

☐ ☐ ☐ ☐ ☐

6. Ich fand die ausgewählten Themen der Unterrichtsstunden relevant.

☐ ☐ ☐ ☐ ☐

Zu 4–6: Sollten Sie dies eher verneinen, dann erläutern Sie bitte, woran dies lag:

....

....

7. Ich habe mich entsprechend meiner Möglichkeiten in den Unterricht einbringen können.

☐ ☐ ☐ ☐ ☐

Sollten Sie dies eher verneinen, dann erläutern Sie bitte, woran dies lag:

....

....

8. Ich bin insgesamt zufrieden mit dieser Unterrichtsreihe.

☐ ☐ ☐ ☐ ☐

9. Haben Sie noch einen Kritikpunkt, eine Anregung, einen persönlichen Kommentar für mich? Dann schreiben Sie es bitte hier auf:

....

....

9 Klausurvorschlag mit Lösungshinweisen: Analyse eines literarischen Textes

Klausuraufgabe: Analysieren Sie das Kapitel »Fahnen«, indem Sie

1. eine Einleitung formulieren;
2. den Inhalt kurz wiedergeben und in den Romanzusammenhang einordnen;
3. die erzählerische Gestaltung untersuchen;
4. das Motiv des »Plebejers« erläutern;
5. die Bedeutung des Titels »Fahnen« für das Kapitel erklären und
6. eine resümierende Bedeutung des Kapitels formulieren.

Fahnen

Als ich am nächsten Tage erwachte, wusste ich, dass ich viel geträumt hatte. Ich wusste nur nicht mehr, was.

Es war ein Feiertag.

Man feierte den Geburtstag des Oberplebejers.

Die Stadt hing voller Fahnen und Transparente.

Durch die Straßen marschieren die Mädchen, die den verschollenen Flieger suchen, die Jungen, die alle Neger sterben lassen, und die Eltern, die die Lügen glauben, die auf den Transparenten stehen. Und die sie nicht glauben, marschieren ebenfalls mit. Divisionen der Charakterlosen unter dem Kommando von Idioten. Im gleichen Schritt und Tritt.

Sie singen von einem Vögelchen, das auf einem Heldengrabe zwitschert, von einem Soldaten, der im Gas erstickt, von den schwarzbraunen Mädchen, die den zuhausegebliebenen Dreck fressen, und von einem Feinde, den es eigentlich gar nicht gibt.

So preisen die Schwachsinnigen und Lügner den Tag, an dem der Oberplebejer geboren ward.

Und wie ich so denke, konstatierte ich mit einer gewissen Befriedigung, dass auch aus meinem Fenster ein Fähnchen flattert.

Ich hab es bereits gestern Abend hinausgehängt.

Wer mit Verbrechern und Narren zu tun hat, muss verbrecherisch und närrisch handeln, sonst hört er auf. Mit Haut und Haar.

Er muss sein Heim beflaggen, auch wenn er kein Heim mehr hat.

Wenn kein Charakter mehr geduldet wird, sondern nur der Gehorsam, geht die Wahrheit, und die Lüge kommt.

Die Lüge, die Mutter aller Sünden.

Fahnen heraus!

Lieber Brot, als tot! –

So dachte ich, als es mir plötzlich einfiel: was denkst Du da? Hast Du es denn vergessen, dass Du vom Lehramt suspendiert bist? Du hast doch keinen Meineid geschworen und hast es gesagt, dass Du das Kästchen erbrochen hast. Häng nur Deine Fahne hinaus, huldige dem Oberplebejer, krieche im Staub vor dem Dreck und lüge, was Du kannst – es bleibt dabei! Du hast Dein Brot verloren!

Vergiss es nicht, dass Du mit einem höheren Herrn gesprochen hast!

Du lebst noch im selben Haus, aber in einem höheren Stock.

Auf einer anderen Ebene, in einer anderen Wohnung.

Merkst Du es denn nicht, dass Dein Zimmer kleiner geworden ist? Auch die Möbel, der Schrank, der Spiegel –

Du kannst Dich noch sehen im Spiegel, er ist immer noch groß genug – gewiss, gewiss! Du bist auch nur ein Mensch, der möchte, dass seine Krawatte richtig sitzt.

Doch sieh mal zum Fenster hinaus!

Wie entfernt ist alles geworden! Wie winzig sind plötzlich die großen Gebieter und wie arm die reichen Plebejer! Wie lächerlich!

Wie verwaschen die Fahnen!

Kannst Du die Transparente noch lesen?

Nein.

Hörst Du noch das Radio?

Kaum.

Das Mädchen müsste gar nicht so schreien, damit sie es übertönt.

Sie schreit auch nicht mehr.

Sie weint nur leise.

Aber sie übertönt alles.

Jugend ohne Gott, Reclam XL, 103,5–104,36.

5 **Oberplebejers:** Plebejer: von lat. *plebs* ›das Volk‹. In der Antike bildeten die Plebejer die Mehrheit der römischen Bürger. Vergleichbar sind sie etwa mit dem Mittelstand aus Handwerkern, Händlern und Bauern. Sie erzwangen ab dem 5. Jh. v. Chr. nach und nach politischen Einfluss. In der Bezeichnung schwingt zugleich die Bedeutung ›ungebildet‹ und ›ungehobelt‹ mit. Vgl. auch die Bezeichnung »Oberplebejer« für Adolf Hitler in 103,9.

Ebd., S. 143.

Anforderungen inhaltliche Leistung Die Schülerin / der Schüler	Max. Punkte	Erreichte Punkte
beginnt mit einer Einleitung, die bibliografische Angaben und das Thema des Kapitels benennt, z. B. Gedanken des Lehrers beim Betrachten des Aufmarsches anlässlich des Geburtstags des Führers	4	
gibt den Inhalt des Kapitels wieder, in etwa: • Feiertag wegen Führer-Geburtstag • Beschreibung des Aufmarschs • Beflaggung der Häuser zu Ehren des Führers, auch der Wohnung des Lehrers • Begründung, warum auch Lehrer die Fahne herausgehängt hat • Vergegenwärtigung seiner schwierigen privaten Situation • Rückzug aus der faschistischen Gesellschaft • Gedanken an die Situation Evas	6	
ordnet das Kapitel in den Romanzusammenhang ein, in etwa: • nach Abschluss des Gerichtsprozesses: Verlust der Arbeit nach Bekenntnis zu seinem Fehlverhalten; Z freigesprochen, Eva schuldig gesprochen. Fall abgeschlossen • Verurteilung seines Verhaltens durch Gesellschaft (Zeitungen, Hausfrau) • Tatverdacht bezüglich T, Willen, T zu überführen; erster vergeblicher Versuch, T die Wahrheit zu entlocken • Tiefpunkt, aber: • nach Kapitel »Fahnen« neuer Elan, T zu überführen mit Hilfe von Buchclub und Julius Caesar	6	
untersucht die Erzähltechnik, z. B.: • Tempus: Wechsel von Präteritum zu Präsens, von der Beschreibung zur Reflexion • Syntax: überwiegend parataktischer Satzbau zur Reihung der Gedanken, einige wenige hypotaktische Sätze zur Darstellung von Begründungszusammenhängen • Erzählverfahren: personale Ich-Perspektive, hier vor allem Reflexionscharakter eines inneren Monologs zur Klärung der eigenen Situation angesichts der privaten und gesellschaftlichen Umstände • rhetorische Mittel, z. B.: Aufzählung bei der Beschreibung des Aufmarsches, einige Ellipsen für emotionsgeladene Äußerungen; Appelle an sich selbst; Fragen an sich selbst zur Klärung der eigenen Situation; Doppelformen (z. B. Verbrecher und Narren) zur Verdeutlichung des Abscheus; Metaphern (z. B. Brot für Existenzgrundlage oder Wohnung bezüglich seiner veränderten Situation) • Wortwahl: viele pejorative Begriffe als Ausdruck seiner Verachtung gegenüber Faschisten	10	
erläutert das Motiv des »Plebejers«, in etwa: • Rückgriff auf römische Geschichte, dort Mittelstand, der zunehmend politischen Einfluss gewann, aber eher ungebildet ist • Plebejer als Bezeichnung für die Faschisten, die blind oder aus Opportunismus dem Führer folgen: inhuman, überheblich • Oberplebejer als Bezeichnung für den Führer; Führerverehrung und -kult • mehrfaches Auftreten des Motivs zur Kennzeichnung der Faschisten, »Die reichen Plebejer«: typischer Vertreter Bäckermeister N; Direktor spricht von »plebejischer Welt« – Bildung eines diktatorischen Regimes	8	

Anforderungen inhaltliche Leistung Die Schülerin / der Schüler	Max. Punkte	Erreichte Punkte
erklärt die Bedeutung des Titels für das Kapitel, in etwa: • wörtliche Bedeutung: beflaggte Häuser und Fahnen im Aufmarsch als Zeichen der Verehrung für den Führer und der Begeisterung für den Faschismus • übertragene Bedeutung: Anspielung auf »sein Fähnchen in den Wind halten«, also opportunistisches Verhalten • bezogen auf den Lehrer: auch er hat »sein Fähnchen« herausgehängt; muss sich äußerlich dem System anpassen bei gleichzeitiger innerer Distanz	8	
formuliert eine abschließende Deutung, in etwa: • Tiefpunkt in der Situation des Lehrers: Arbeits- und Perspektivlosigkeit, Hilflosigkeit bezüglich der Wahrheitsfindung zum Mord an N • Übermacht des Systems symbolisiert durch die Menge der Fahnen • Übergang auf eine andere Ebene (Wohnung im selben Haus, aber auf höherer Ebene): zunehmende Distanzierung zur Gesellschaft	7	
erfüllt ein weiteres aufgabenbezogenes Kriterium	3	
Summe inhaltliche Leistung	**45**	

Anforderungen Darstellungsleistung Die Schülerin/der Schüler	Max. Punkte	Erreichte Punkte
strukturiert seinen Text schlüssig, gedanklich klar und auftragsbezogen	3	
formuliert eigenständig, allgemeinsprachlich präzise und stilistisch angemessen	4	
formuliert fachsprachlich und fachmethodisch angemessen unter Beachtung der Tempora, der korrekten Redewiedergabe und der Zitiertechnik	3	
schreibt sprachlich richtig	5	
Summe Darstellungsleistung	**15**	

Gesamtpunktzahl	**60**	

60 – 52	51 – 43	42 – 34	33 – 25	24 – 13	12 – 0
sehr gut	gut	befriedigend	ausreichend	mangelhaft	ungenügend

Lösungshinweise zu Leseprotokoll, Arbeitsblättern und Hausaufgaben

Lösungshinweise zum LESEPROTOKOLL (➤ S. 11) (Seite 1 von 4)

Ödön von Horváth: *Jugend ohne Gott*

Kapitel (Seite)	Stichwort zum Inhalt	Zeit und Ort	Gestaltung, auch Tempus
1. *Die Neger (7)*	*Lehrer korrigiert Aufsätze*	*25. März, Wohnung Lehrer*	*Präsens* *Aufzählung, Wiederholung*
2. *Es regnet (10)*	*Lehrer unterbindet Prügelei seiner Schüler*	*Nächster Morgen Treppe im Schulgebäude*	*Präteritum, Wechsel ins Präsens* *»Sündflut«-Neologismus*
3. *Die reichen Plebejer (12)*	*Rückgabe Aufsätze, Beschwerde des Vaters von N über Lehrer*	*Tag und drei Folgetage, Schule*	*Präteritum, Anspielungen auf römisch-griechische-biblische Geschichte*
4. *Das Brot (17)*	*Brief der Schüler, dass sie nicht mehr von Lehrer unterrichtet werden wollen*	*Nächste Stunde in der Klasse, Schule*	*Präsens, Wechsel Dialoge und Gedanken des Lehrers*
5. *Die Pest (19)*	*Reflexion über Schüler, Ablenkung durch Ausgehen*	*Abend des gleichen Tages, Wohnung, Kino, Bar*	*Präsens,* *Steigerung (schlimm …)*
6. *Das Zeitalter der Fische (21)*	*Gespräch mit »Julius Caesar«, ehemaligem Kollegen, über die Jugend*	*Abend des gleichen Tages, Bar*	*Präteritum, Wechsel ins Präsens* *Fisch-/Wassermetaphorik*
7. *Der Tormann (26)*	*Tod und Begräbnis des Schülers W; Lehrer hilft, den Tormann zu W zu bringen, dessen letzter Wunsch*	*Nächster Morgen, dann ein Mittwoch im März kurz vor Ostern; Wohnung des Lehrers, dann des Tormanns, dann des Schülers W, zuletzt Friedhof*	*Präteritum* *Aufzählung in der Erzählung des Tormanns* *Fischmetapher (für T)*
8. *Der totale Krieg (29)*	*Fahrt und Marsch ins Zeltlager – Lehrer spricht mit Bürgermeister, Dorflehrer und Pfarrer*	*Osterdienstag; Ort ca. 7 Busstunden entfernt, 761 m hoch gelegen – Zeltlager*	*Präteritum, Wechsel ins Präsens* *Aufzählung (»denke an«)* *Vorausdeutung »Fleck« – Blut*
9. *Die marschierende Venus (33)*	*Beginn der paramilitärischen Ausbildung der Schüler; Besuch der Mädchengruppe beim Lehrer im Zeltlager*	*Nächster Tag (Mittwoch); Zeltlager*	*Präsens* *Anspielungen auf römisch-griechische-biblische Geschichte (Venus, Amazonen, Eva)*

Lösungshinweise zum LESEPROTOKOLL (➤ S. 11) (Seite 2 von 4)

Kapitel (Seite)	Stichwort zum Inhalt	Zeit und Ort	Gestaltung, auch Tempus
10. *Unkraut (36)*	*Lehrer geht spazieren und beobachtet Überfall von Kindern auf einem Bauernhof*	*Gleicher Tag, Umgebung des Zeltlagers*	*Präsens* *Unkraut – LTI*
11. *Der verschollene Flieger (37)*	*Auf dem Rückweg findet der Lehrer »den verschollenen Flieger« und belauscht ein Gespräch zwischen zwei Mädchen: Ihnen gefällt die Übung nicht, auch der Lehrerin nicht*	*Gleicher Tag, Umgebung des Zeltlagers*	*Präsens* *Fragen (Aufzählung) des Lehrers an den Flieger*
12. *Geh heim! (39)*	*Lehrer sieht im Dorf die Not der Heimarbeiter, wird vom Pfarrer eingeladen, Gedanken an Eltern, Gott, Berufswahl*	*Gleicher Tag, nach Mittag; Zeltlager, dann Dorf, Pfarrhaus*	*Präsens* *Parataxen (Bildbetrachtung)* *Imperativ – Wiederholung*
13. *Auf der Suche nach den Idealen der Menschheit (42)*	*Gespräch mit dem Pfarrer*	*Gleicher Tag; Pfarrhaus*	*Präsens*
14. *Der römische Hauptmann (47)*	*Einrichtung einer Nachtwache wegen eines Kamera-Diebstahls – der Lehrer reflektiert seine berufliche Situation*	*4. Tag des Zeltlagers (und Nacht) – Freitag Zeltlager, Heuschober*	*Präsens-Präteritum-Präsens* *Parallele Hauptmann – Lehrer: Parataxen, Fragen, Ellipsen*
15. *Der Dreck (51)*	*Gedanken über Glauben während der Nachtwache*	*Nacht* *Heuschober*	*Überwiegend Präsens* *Metapher der tanzenden Tugenden* *Ausrufe*
16. *Z und N (52)*	*Lehrer beobachtet eine nächtliche Briefübergabe an Z, Z und N vertragen sich nicht wegen Zs Tagebuchschreiben*	*Nacht, dann nächster Tag (Samstag), (Nähe) Zeltlager*	*Präsens* *Wiederholung »Bumm«*
17. *Adam und Eva (56)*	*Lehrer liest die Briefe an N und Z und Tagebuch von Z*	*Samstag* *Zeltlager*	*Präteritum* *Biblische Anspielung im Titel*
18. *Verurteilt (62)*	*Z verdächtigt N, das Tagebuch geöffnet zu haben*	*Samstag, Zeltlager*	*Präsens* *Vergleich Schuld – Raubvogel*
19. *Der Mann im Mond (65)*	*Lehrer beobachtet nächtliches Treffen des Liebespaares Z – Eva*	*Samstagnacht* *Nähe Zeltlager*	*Wechsel Präsens-Präteritum* *Überwiegend kurze Parataxen*
20. *Der vorletzte Tag (69)*	*N ist beim letzten Ausflug verschwunden, die Suche nach ihm bleibt erfolglos*	*Sonntag* *Zeltlager*	*Präsens mit kurzem Wechsel ins Präteritum (S. 71 unten)* *Metaphern im Zusammenhang mit Schuld: Labyrinth, Irrgarten, Jahrmarkt*

Lösungshinweise zum LESEPROTOKOLL (➤ S. 11) (Seite 3 von 4)

Kapitel (Seite)	Stichwort zum Inhalt	Zeit und Ort	Gestaltung, auch Tempus
21. *Der letzte Tag (72)*	*N wird erschlagen aufgefunden, Z gesteht die Tat*	*Montag Zeltlager*	*Präteritum, am Ende Wechsel ins Präsens Motiv »Gott erscheint«*
22. *Die Mitarbeiter (75)*	*Lehrer liest Zeitungsberichte über den Vorfall*	*Zeitsprung: Herbst; Café in der Stadt*	*Präsens; Aufzählung Montagetechnik – Zeitungsberichte*
23. *Mordprozess Z oder N (80)*	*Beginn des Gerichtsprozesses*	*Nächster Tag, Gericht*	*Präteritum, dann Präsens*
24. *Schleier (81)*	*Vernehmung von Z, bekennt sich erneut schuldig*	*Gleicher Tag, Gericht*	*Präsens Oxymoron »ehemalige Zukunft«*
25. *In der Wohnung (86)*	*Gespräch des Lehrers mit Zigarettenverkäufer über Gott*	*Gleicher Tag, Mittagspause Park – dann Zigarettengeschäft*	*Präsens »Zwiegespräch« des Lehrers mit Gott*
26. *Der Kompass (88)*	*Mutter des Angeklagten zeigt auf, dass Kompass nicht ihrem Sohn gehört – Streit mit Sohn vor Gericht*	*Gleicher Tag Gericht*	*Präsens Wiedergabe des Streits Mutter – Sohn in wörtlicher Rede (szenische Darstellung)*
27. *Das Kästchen (91)*	*Lehrer gesteht Wahrheit*	*dito*	*Überwiegend Präsens Wiederholung »erzähle alles«*
28. *Vertrieben aus dem Paradies (94)*	*Eva erzählt den genauen Tathergang, entlastet damit Z*	*dito*	*Überwiegend Präsens Lehrer gibt mögliche Gedanken Zs wieder*
29. *Der Fisch (97)*	*Fortsetzung von Evas Verhör: für den Lehrer Hinweis auf T als Täter*	*dito am Ende Wohnung des Lehrers*	*Präsens Fischmotiv*
30. *Er beißt nicht an (99)*	*Entschluss des Lehrers, T zu stellen, Scheitern des ersten Versuchs*	*An einem folgenden Tag; Wohnung des Lehrers, dann vor dem Gymnasium und in einer Eisdiele*	*Präsens Fisch – Angelmetapher*
31. *Fahnen (103)*	*Lehrer beobachtet Aufmarsch zur Feier des »Oberplebejers« – innerer Rückzug*	*Folgetag; Feiertag Wohnung des Lehrers*	*Wechsel Präteritum – Präsens Unterschied innere Welt – äußere Welt*
32. *Einer von fünf (105)*	*B besucht Lehrer und berichtet ihm von seinem Verdacht gegen T*	*gleicher Tag, gleicher Ort*	*Präsens Wiederaufnahme der Angel-Metapher*
33. *Der Klub greift ein (109)*	*Vergebliche Intervention von B und Lehrer beim Untersuchungsrichter – Klub wird T beobachten*	*Folgetag Gericht*	*Präsens Spitznamen des Lehrers »Fisch vs Neger«*

Lösungshinweise zum LESEPROTOKOLL (➤ S. 11) (Seite 4 von 4)

Kapitel (Seite)	Stichwort zum Inhalt	Zeit und Ort	Gestaltung, auch Tempus
34. *Zwei Briefe (111)*	*Brief der entsetzten Eltern des Lehrers; Besuch in der Bar und Gespräch mit »Julius Caesar« über den T*	*Folgetag Wohnung des Lehrers, dann Bar*	*Präsens Alliteration »wissender und weiser Mann« – neuer Blick auf den Kollegen*
35. *Herbst (114)*	*Berichte des Klubs über T – Gedanken des Lehrers über seine Einstellung zu Eva*	*Folgetage Wohnung des Lehrers*	*Präsens Kurze parataktische Sätze*
36. *Besuch (115)*	*Besuch des Pfarrers beim Lehrer: Angebot, nach Afrika zu gehen, und Rat, mit Ts Mutter zu sprechen*	*Vormittag Wohnung des Lehrers*	*Erst Präteritum, dann Wechsel ins Präsens Wiederaufnahme »Neger« und Fischmotiv*
37. *Die Endstation (117)*	*Lehrer will Eltern des T aufsuchen, trifft aber nur T an*	*Zeit nicht genannt, Straßenbahn, dann Haus des T*	*Präsens Anspielung Antike und französische Geschichte; Fischmotiv*
38. *Der Köder (121)*	*Gespräch des Lehrers mit der Prostituierten Nelly über T*	*Zeit nicht genannt, erst Wohnung des Lehrers, dann Wohnung von Nelly*	*Präsens Wiederaufnahme Fisch-Angel-Motiv*
39. *Im Netz (124)*	*Julius Caesar will T eine Falle stellen*	*Gleicher Tag, erst Wohnung des Lehrers, dann Weg zum Animierlokal »Lilie«*	*Präsens Fisch-Angel-Motiv*
40. *Der N (126)*	*Julius Caesar berichtet von der Falle, die nicht funktioniert hat*	*Gleicher Tag (Abend), »Lilie«*	*Präsens Fisch-Angel-Motiv*
41. *Das Gespenst (129)*	*N erscheint dem Lehrer als »Gespenst« und fordert ihn auf, bei seinem Versuch, den Mörder zu fassen, nicht nachzulassen*	*Gleicher Tag (Abend) Wohnung des Lehrers*	*Präsens Augenmotiv*
42. *Das Reh (132)*	*Polizei nimmt Lehrer mit zum Haus des T, der sich »wegen des Lehrers« erhängt hat*	*Nacht Erst Wohnung des Lehrers, dann Haus des T*	*Präsens Mehrere Motive*
43. *Die anderen Augen (135)*	*Lehrer erzählt seine Version des Verbrechens, man findet einen Zettel mit dem Suizid-Motiv: T hat N erschlagen*	*Nacht, Haus des T*	*Präsens Gott-Motiv*
44. *Über den Wassern (138)*	*Lehrer verlässt die Stadt, um nach Afrika zu gehen*	*Keine Zeitangabe Wohnung des Lehrers*	*Präsens Neger-Motiv*

Lösungshinweise zu ARBEITSBLATT 1a (➤ S. 14)

Auflösung des Lektüre-Tests

1. *Geographie und Geschichte*
2. *Sündflut*
3. *Kalte Zeiten (die Seele des Menschen werde unbeweglich wie das Gesicht eines Fisches)*
4. *Den Tormann des besuchten Fußballspiels noch einmal zu sehen*
5. *Amazonen, weil sie die Kriegskunst ausübten*
6. *Mit einem weißen Karton*
7. *Sie verdienen damit Geld in Heimarbeit*
8. *Ihm verdächtige Äußerungen des Lehrers zu berichten*
9. *T*
10. *Er wurde mit einem Stein erschlagen, neben seiner Leiche findet man einen Kompass (und einen Bleistift)*
11. *Um Eva zu schützen, weil er denkt, sie habe N erschlagen*
12. *Weil zuvor der Lehrer die Wahrheit über das Kästchen gesagt hat*
13. *Der Täter habe Fischaugen*
14. *Sie lesen verbotene Literatur (und diskutieren, wie die Welt sein sollte)*
15. *Den T zu überwachen*
16. *In Afrika in einer Missionsschule als Lehrer zu arbeiten*
17. *Einer Filmschauspielerin, der Freundin des »Oberplebejers« (119,13)*
18. *T ist nicht zur Verabredung mit Nelly gekommen*
19. *Der Lehrer habe ihn in den Tod getrieben, weil er wisse, dass T den N mit einem Stein erschlagen habe*
20. *Den Totenkopf-Anstecker*

Lösungshinweise zu ARBEITSBLATT 1b (➤ S. 16) **(Seite 1 von 2)**

Aufgabe 1

»Die Neger	• *rassistischer Ausdruck, offizieller Sprachgebrauch des Regimes; Bezug zum Schulaufsatz über die Kolonien*
25. März	• *genaue Datierung ➤ erweckt Eindruck eines Tagebuch-Eintrags*
Auf meinem Tisch stehen Blumen.	• *beschreibender einfacher Hauptsatz, Präsens, Possessivpronomen ➤ Präsenz eines erzählenden Ichs, Aufbau einer unmittelbaren Erzählsituation ➤ Suggerierung, Leser nehme an Erzählergegenwart teil*
Lieblich.	• *Ellipse. Knapper Erzählerkommentar zu den Blumen.*
Ein Geschenk meiner braven Hausfrau, denn heute ist mein Geburtstag.« (7,1–5)	• *1. Satzteil elliptisch; Erklärung für Vorhandensein der Blumen* • *zweimal Possessivpronomen, klischeehafte Darstellung* • *besonderer Tag, Geburtstag am Tag des Namenspatrons des Heiligen Dimas, religiöse Anspielung*

- *Unmittelbares Erzählverfahren mit Direktheit und Einfachheit der Darstellung führt zu großer Nähe Leser – Figur; Irritation und Konflikt im Kapiteltitel angelegt*

Aufgabe 2

Privatleben	Berufliche Situation
• *34 Jahre alt* • *Kein Name genannt* • *Single, wenig/keine Freunde (keine weiteren Glückwünsche außer denen der Eltern und Zimmerwirtin)* • *Zurückgezogen lebend* • *Formelle Beziehung zu den Eltern, die nicht im selben Ort leben (Briefe)* • *Beengte Wohnsituation (gemietetes Zimmer, nur ein Tisch)* • *Interesse für Fußball (Stadionbesuch) und Kino*	• *Lehrer für Geographie und Geschichte an e. Städtischen Gymnasium* • *Keine wirtschaftlichen Sorgen – Hohe Bedeutung der sicheren Beamtenstelle mit Pensionsanspruch* • *Distanzierte Beziehung zu den Schülern (nur Anfangsbuchstaben der Nachnamen), Bewusstsein für seine Selektionsfunktion als Lehrer, etwas Mitgefühl für den kranken W* • *Pflichtbewusstsein (Korrekturen von Aufsätzen am Geburtstag)* • *Kritische Einstellung zur (Schul-)Politik (Aufsatzthema Kolonien)* • *leidet an »hohlen Phrasen« (9,15), aber Hilflosigkeit und Feigheit, seine Kritik zu zeigen (Stimmen aus dem Radio) bei gleichzeitiger Selbstreflexion des eigenen Verhaltens*

➤ Lebenssituation: *Einzelgänger mit wenig Sozialkontakten und ablenkenden Hobbies; Sicherheit der beruflichen Situation bei gleichzeitigem Angewidertsein ob der politischen Verhältnisse*

➤ Angelegte Konflikte: *Kritik an Indoktrination der Gesellschaft und besonders der Jugend vs. Genuss der sicheren Beamtenstelle ➤ opportunistisches Verhalten*

Lösungshinweise zu ARBEITSBLATT 1b (> S. 16) (Seite 2 von 2)

Aufgabe 3

Die Aussage trifft auch auf das erste Kapitel dieses Romans zu (wenn vielleicht auch nicht in der Dichte wie bei Fontane-Romanen selbst). Dies beginnt mit dem Begriff aus der Überschrift, der im Kapitelinhalt und im Folgenden mehrfach aufgegriffen wird und auch die Konklusion am Ende »Der Neger fährt zu den Negern« (138,30) darstellt. An diesem Wort entzünden sich zentrale Konflikte, das Aufeinandertreffen von Haltungen und letztendlich auch die Entwicklung der Lehrerfigur.

Aufgabe 4–6

Individuelle Schülerlösungen.

Musteranalyse des 4. Kapitels »Das Brot« unter erzähltechnischem Fokus

Das vierte Kapitel mit dem Titel »Das Brot« aus dem Roman *Jugend ohne Gott* von Ödön von Horváth aus dem Jahr 1937 thematisiert die zunehmende Verschlechterung des Verhältnisses zwischen dem Erzähler, dem Lehrer, und seiner Klasse.

Das Kapitel erzählt von einem Vorfall in der Klasse des Lehrers, in der die Aufsätze über die Notwendigkeit von Kolonien geschrieben wurden und in der der Lehrer seine Ansicht gegenüber dem Schüler N vertreten hatte, dass auch »Neger« Menschen seien. Mittels eines Briefs teilt ihm die Klasse mit, dass sie nicht mehr von ihm unterrichtet werden wolle. Auf Nachfragen des Lehrers meldet sich kein Schüler, allerdings bemerkt er, dass ein Schüler mitschreibt, was er zu der Klasse sagt. Diese Bespitzelung bringt das Fass zum Überlaufen, der Lehrer eilt zum Direktor und bittet, ihm eine andere Klasse zuzuteilen. Dieses Ansinnen wird aber abgelehnt, der Schulleiter begleitet den Lehrer zurück in die Klasse und diszipliniert diese. Der Lehrer schwört sich danach innerlich, wegen dieser Klasse nicht seine Arbeit verlieren zu wollen und nur noch das zu äußern, was politisch erlaubt ist.

Das Geschehen wird aus der **Sicht des personalen Ich-Erzählers** dargestellt. Das Erzähltempus ist Präsens, es dominiert **das erlebende Ich**, so dass ein Eindruck von **Unmittelbarkeit** erzeugt wird. Immer wieder gewährt der Lehrer **Einblick in seine Gedanken**. Aufgrund der begrenzten Perspektive kann er nur raten, was in seinen Schülern vorgeht. Er bemerkt sofort die angespannte Atmosphäre im Klassenraum (vgl. 17,2 f.) und stellt sich **innerlich Fragen**, z. B. »Warum schauen sie mich nur so schadenfroh an?« (17,5 f.). Diese Fragen verdeutlichen seine **Unsicherheit**: »Was soll das?« (17,10). Dennoch arbeitet sein Verstand zuverlässig, wie aus seiner Bemerkung hervorgeht, dass er kontrolliert hat, dass alle Schüler den Brief unterschrieben haben. Der **Brief wird wörtlich** wiedergegeben. Durch ihn sprechen also die Schüler. Sie artikulieren und begründen nicht nur ihren Wunsch, sondern **charakterisieren sich selbst durch ihr Tun und die Formulierung**. Als Grund nennen die Schüler, dass sie »nach dem Vorgefallenen« (17,16 f.) kein Vertrauen mehr zum Lehrer haben. Diese vage Umschreibung zeigt einerseits die politische Verblendung der Klasse und andererseits die Feigheit der Schüler, die keine offene Diskussion über ihre Haltung riskieren wollen. Der Brief ist in förmlicher Art verfasst, besonders der Neologismus »die Endesunterzeichneten« (17,19) fällt nicht nur dem Leser, sondern auch dem Lehrer ins Auge, der ihn in seine Gedanken aufnimmt. Es entspinnt sich ein **einseitiger Dialog**, der Lehrer richtet **Fragen oder Aufforderungen** an die Schüler, denen diese aber nicht nachkommen. Die Worte des Lehrers werden nun **in direkter Rede** wiedergegeben, so auch sein **erregter Vortrag als Reaktion** auf den Brief. Mit seinen direkten Worten agiert der Lehrer im Gegensatz zu den Schülern offen und ehrlich, er setzt sogar an, sich zu rechtfertigen, bis er das Mitschreiben seiner Worte bemerkt. Da der betroffene Schüler erneut eine Antwort auf die Frage verweigert, gibt der Lehrer seinen Vortrag auf. Erneut gewährt er **Einblick in seine Gedanken**, in denen er seine Schüler weiterhin anspricht und seine Verachtung allerdings nur **innerlich zum Ausdruck** kommen lässt (vgl. 18,6–8). Die ablehnende Antwort des Schulleiters bezüglich eines Klassenwechsels wird in einem einzigen, aber ausdrucksstarken **Satz in wörtlicher Rede** wiedergegeben. Bezeichnenderweise hat auch dieser die Form einer Frage, einer **rhetorischen Frage**. Diese Gegenfrage verdeutlicht die Ausweglosigkeit der Gesamtsituation. Nicht nur diese Klasse ist politisch manipuliert, sondern wohl alle Klassen, stellvertretend für die Gesellschaft. Der Direktor waltet seines Amts und staucht die Klasse zusammen. Der Lehrer **kommentiert** dieses Vorgehen mit den Worten »ein herrlicher Schauspieler« (18,12 f.) und verdeutlicht so einerseits seine Bewunderung und andererseits seine Einschätzung, dass hier nur vordergründig auf der Bühne agiert wird, aber nicht wirklich hinter die Kulissen geschaut wird. Dem entspricht erzähltechnisch, dass die **Standpauke des Schulleiters nicht in direkter Rede** und voller Länge wiedergegeben wird, sondern nur resümierend im Konjunktiv. Das Schlusstableau des Kapitels zeigt die Schüler vor dem Lehrer sitzend, der **in einem inneren Monolog seinen Gedanken** freien Lauf lässt. Ihm ist klar, dass die Schüler ihn jetzt erst recht hassen. Er befürchtet, dass dieser Hass dazu führen wird, dass sie ihm schaden wollen, und erneut wird seine Verachtung für sie deutlich. Wiederum **nur innerlich richtet er das Wort an die Schüler** und erläutert seine zukünftige Strategie. Er werde nur noch das äußern, was erlaubt sei – zeigt also hier ein opportunistisches Vorgehen, denn er will keine Disziplinarstrafe und damit vielleicht sogar den Verlust seiner Arbeit riskieren. Hier wird nun auch **das titelgebende »Brot«** verwendet: »geschweige denn mein Brot verlieren« (18,23 f.) – es steht also **stellvertretend für seine Existenz**, die er sich von den Schülern nicht zerstören lassen will.

Zusammenfassend lässt sich festhalten, dass dieses Kapitel ähnlich wie ein Großteil der Kapitel erzähltechnisch aus einem Zusammenspiel von Handlungsbeschreibung aus Sicht des Lehrers und begleitenden Gedanken besteht. Durch die Wiedergabe des Briefs oder direkter (und indirekter) Rede anderer Figuren erhält der Leser einen ungefilterten Einblick in diese Figuren. So werden insgesamt eine Direktheit, Unmittelbarkeit und Lebendigkeit der Darstellung erzielt.

Lösungshinweise zu *ARBEITSBLATT 2a / ARBEITSBLATT 2b (> S. 24/26) **(Seite 1 von 2)**

Fundstelle (Seite/Zeilen)	**Inhalt der Textstelle**	**Erzählweise**	**Wirkung der Erzählweise**	**Funktion der Textstelle**
S. 7, Z. 8–14	Geburtstagswünsche der Eltern	Wortwörtliche Wiedergabe des Briefs	Belustigung wegen des steifen Tons des Briefs	Hinweis auf ein distanziertes Verhältnis Eltern-Sohn
S. 7, Z. 24 – S. 8, Z. 4	Auseinandersetzung mit der beruflichen Situation	Selbstgespräch mit Du-Anrede	Große Nähe zum Ich-Erzähler	Einblick in berufliche Situation und deren Reflexion
S. 12, Z. 16 – S. 13, Z. 5 (Auszug)[x]	Erzählung vom Berufsalltag in der Schule	*Ich-Erzähler in personaler Perspektive (Präteritum – erzählendes Ich)*	*Erleben des Lehrers bei der Arbeit*	*Darstellung des beruflichen Alltags mit Andeutung der Zensur*
S. 44, Z. 25 – S. 45, Z. 27 (Auszug)[x]	Diskussion mit dem Pfarrer über Religion und Staat/Gesellschaft	*Dialog – direkte Rede (szenische Darstellung)*	*Wie das Schauen eines Theaterstücks*	*Figuren kommen selbst zu Wort und charakterisieren sich durch ihr Sprechen und dabei geäußerten Ansichten*
S. 58, Z. 5 – S. 60, Z. 14 (Auszug)[x]	Lehrer liest das Tagebuch des Z (Begegnung Z – Eva)	*Tagebucheintrag des Schülers Z*	*Wie der Lehrer: Leser als Mitleser eines privaten Dokuments*	*Figur kommt selbst zu Wort – Einblick in die Figur für den Lehrer und den Leser*
S. 64, Z. 31 – S. 65, Z. 2	Lehrer schämt sich für das Lesen des Tagebuchs von Z	*Innerer Monolog*	*Mitempfinden der Scham des Lehrers*	*Verdeutlichung der Diskrepanz von Denken und Handeln des Lehrers*

Fundstelle (Seite/Zeilen)	**Inhalt der Textstelle**	**Erzählweise**	**Wirkung der Erzählweise**	**Funktion der Textstelle**
S. 75, Z. 32 – S. 76, Z. 22 (Auszug)[x]	Lehrer liest die Zeitung mit Artikeln zum Mordprozess, als erstes den auf der Grundlage eines Interviews mit ihm	*Bericht*	*Wie der Lehrer stillt auch der Leser seine Neugier bezüglich der Berichterstattung*	*Anscheinend objektive Wiedergabe von Aussagen und Geschehen*
S. 82, Z. 1 – S. 84, Z. 15 (Auszug)[x]	Vernehmung des Z vor Gericht	*Überwiegend direkte Rede (Wiedergabe des Gesagten)*	*Wie Lehrer Teilnahme am und Beobachtung des Geschehen/s*	*Authentizität bezogen auf den Gerichts-prozess, Erzeugung von Spannung*
S. 132, Z. 6 – S. 133, Z. 8 (Auszug)[x]	Polizei holt Lehrer in der Nacht ab	*Ich-Erzähler in personaler Perspektive (Präsens – erlebendes Ich)*	*Nachempfinden des Erschreckens und der Hilflosigkeit des Lehrers*	*Erzeugung von Span-nung und Neugier*

Resümee hinsichtlich der Erzähltechnik

Abwechslungsreichtum der Erzählweise

> *Aufbrechen der eingeschränkten Perspektive des personalen Ich-Erzählers*

> *Authentizität und realistischer Anschein*

> *Unterhaltung und Spannung*

Lösungshinweise zu ARBEITSBLATT 4a (➤ S. 43)

»Der Fisch« (97,17–32)

Auszug aus: »Der Fisch« (97,17–32)

(Situierung: Der Gerichtspräsident befragt Eva zu dem Jungen, den sie als Täter ins Spiel gebracht hat.)

»›Würdest Du ihn wiedererkennen?‹ lässt der Präsident nicht locker.

›Vielleicht. Ich erinner mich nur, er hatte helle, runde Augen. Wie ein Fisch.‹

Das Wort versetzt mir einen ungeheueren Hieb.

Ich springe auf und schreie: ›Ein Fisch?!‹

›Was ist Ihnen?‹ fragt der Präsident und wundert sich.

Alles staunt.

Ja, was ist mir denn nur?

Ich denke an einen illuminierten Totenkopf.

Es kommen kalte Zeiten, höre ich Julius Caesar, das Zeitalter der Fische. Da wird die Seele des Menschen unbeweglich, wie das Antlitz eines Fisches.

Zwei helle, runde Augen sehen mich an. Ohne Schimmer, ohne Glanz.

Es ist der T.«

Überschrift: später wieder aufgegriffen, Bedeutung noch offen

Erkennungszeichen für den Täter: Fisch(augen)

heftige emotionale Reaktion des Lehrers – Wiederholung des Wortes

Synonyme ›wundern‹ und ›staunen‹: Unverständnis der Anwesenden

Innere Frage des Lehrers ➤ Beantwortung:

Erinnerung an Worte des Kollegen – Fisch als Zeichen für kalte Menschen

Zeitalter der Fische – Aufgreifen der Überschrift des 6. Kapitels (S. 21)

Vergleich Fischgesicht – Seele des Menschen

Wiederholung »helle, runde Augen« – Zuschreibung für Täter

Blickkontakt Lehrer – T; keine Wärme im Blick

Auflösung: T als Täter?

Bezogen auf den Roman: Zeitalter der Fische

Metapher: *für kalte Menschen mit unbeweglichen Seelen*

Symbol: *für Menschen ohne Glauben, ohne Werte (Umkehr des religiösen Symbols), nur noch schlechte Eigenschaften*

Motiv: *zentrale Bedeutung im Roman: Zeitalter der Fische – Dominanz kalter, dummer Menschen; Gefühllosigkeit, Starre, Kälte, Härte, Mitleidlosigkeit, Angepasstheit*

➤ *»Fisch fangen« (99,34): Suche nach dem wahren Täter; Suche des Lehrers nach Gott*